지중해 국가정보 시리즈 ⑨

지중해의 여정

지중해 국가정보 시리즈 ⑨

지중해의 여정

지중해지역원 지음

이담
Books

이 저서는 2007년 정부(교육부)의 재원으로 한국연구재단의 지원을 받아 수행된 연구임(NRF-2007-362-00021)

지중해의 여정을 시작하며

한국 사람에게 지중해는 어떤 공간으로 기억될까? 우선은 보통의 많은 사람들은 에메랄드 빛의 눈부신 바다, 천혜의 자연 광경, 신선하고 맛있는 음식, 해변에서 일광욕을 한가롭게 즐기는 수많은 사람들을 떠올리며 한번쯤 떠나 보고 싶은 꿈의 여행지로 지중해를 기억할 것이다.

역사를 공부하는 이들에게 지중해는 오리엔트문명 이후 그리스, 로마와 이슬람 문명의 현장으로 기억될 것이다. 인류 문명의 기원이자 기독교 문명과 이슬람 문명의 모태인 지중해는 인류의 역사 그 자체라 해도 과언이 아니기 때문이다. 유일신을 믿는 종교인들에게 3대 계시 종교의 성지를 모두 안고 있는 예루살렘과 동지중해지역은 평생에 한번은 방문해야 할 성소(聖所)다. 이처럼 지중해는 여행자는 물론 전문 연구자들에게도 끊임없는 매력을 뿜어내며 유혹하는 우리 삶의 휴식처이자 역사의 현장이다.

그럼, 지중해에 뿌리내리고 살고 있는 사람들의 모습은 어떨까? 축복받은 자연 환경 속에 살고 있는 사람들은 늘 행복한 미소를 머금고 여유롭게 하루를 살아갈까? 향긋한 와인을 즐기며 테라스에서 느긋하게 지중해를 즐기는 이들도 있겠지만, 거친 환경 속에서 지중해를 삶의 터전으로 삼아 살아가고 있는 이들이 더 많을 것이다.

신은 지중해에 매력적인 자연 환경을 주었지만, 이에 걸 맞는 평화와 행복만을 허락하지는 않았다. '가지 많은 나무에 바람 잘 날없다'라는 우리의 속담처럼 지중해가 갖고 있는 지리적, 문화적 매력은 지중해를 바람 잘 날없게 만들었다. 사람들을 행복하게 만드는 수 많은 매력을 갖고 있다 보니 이를 탐내는 사람들의 욕망이 지중해를 가만 내버려 두지 않은 것이다.

　역사상 거의 끊이지 않고 계속된 전쟁, 이에 따른 수많은 전쟁 난민, 이주는 지중해의 평화를 깨트렸고 이곳에 사는 사람들의 삶을 고달프게 했다. 21세기의 지중해는 전쟁과 가난을 피해 고향을 떠난 이들이 건너야할 거대한 장벽이기도 하다. 다민족, 다국가, 다종교의 복합체인 지중해는 수없이 펼쳐있는 아름다운 풍경만큼이나 아프고 끔찍한 역사를 담고 있고 이 고통은 현재도 진행형이다.

　그러나 그 와중에도 지중해인들은 그들 특유의 낙천성을 유지했고 어려운 가운데서도 희망을 포기하지 않았다. 주름진 얼굴과 앙상한 손을 가지고서도 미소를 잃지 않았다. 이것이 지중해의 진정한 매력이 아닐까 한다. 서로 다른 피부색을 갖고 있어도 어울려 함께 살아가는 법을 일찍부터 체득한 것은 지중해인의 지혜가 아닐까 한다.

이 책에는 지중해에 의지해 살고 있는 사람들의 삶의 공간과 그들의 이야기를 담았다. 이 책의 1부에서는 그들이 살고 있는 공간과 삶을 들여다보았고, 2부에서는 끊임없이 타민족과 어깨를 맞대고 부대끼며 이 바다에서 살아온 사람들의 모습을 담았다. 그리고 3부에서는 지중해의 올리브 생산과 무역의 여정을 기록하였다. 부족하지만, 이 책이 지중해를 여행하려는 사람들과 연구자에게 지중해를 이해하는 길잡이가 되었으면 한다.

이 책에 실린 글들은 부산일보에 연재된 <윤용수의 아랍 기행>(2014.08~2014.10), <통섭과 접경. 지중해 3대 물목을 가다>(2010.01~2010.02), <올리브로드를 걷다>(2012.02~2012.03) 그리고 <부산이야기>(Vol. 101, 2015.03) 등을 일부 수정했고 관련 글들을 추가 보완하였음을 밝혀 둔다.

2017년 6월
부산 남산골에서 저자일동

CONTENTS

CHAPTER 01 사람과 길, 지중해 도시를 가다_윤용수·김수정

통섭과 접경, 지중해 3대 물목을 가다_백현충

CHAPTER

01

사람과 길, 지중해 도시를 가다

_윤용수 · 김수정

1. 평화에 목말라 하는 성지(聖地), 예루살렘

인류가 촌락을 이루고 도시를 발달시킨 이후부터 현재까지 수 많은 도시가 명멸해갔지만 예루살렘만큼 영욕의 역사를 가진 도시는 찾기 힘들 것이다.

구약성경에 따르면 모세가 유대인을 이끌고 출애굽 한 이후 40년이 넘는 오랜 기간을 황야에서 헤맨 후에 도착한 약속의 땅이 가나안이고 그 중심에 예루살렘이 건설되었지만 이 도시는 그 이후 현재까지 풍요와 번영보다는 갈등과 전쟁의 상징이 되어 버렸다.

인류의 3대 종교 중 기독교와 이슬람교가 예루살렘을 공동의 성지로 한 것은 이 도시의 성스러운 축복인 것은 분명하지만 이 축복은 오히려 인류에게 끝없는 갈등만을 조장하는 역설을 만들었다.

1948년 건국한 이스라엘은 수도로 예루살렘을 지정했고, 팔레스타인 역시 수도로 동예루살렘을 지명하고 있다. 한 도시를 두 나라가 동시에 수도로 지정한 것이다. 한 여자에게 두 남자가 구애하고 있는 형국이다. 이러한 양측의 대립으로 인해 현재 예루살렘은 국제

법상 그 어디에도 속한지 않은 어정쩡한 지역이 되어 버렸고 이스라엘이 군사적으로 강점한 상태다.

예루살렘의 중심인 예루살렘성에는 유대인들의 깊은 아픔을 대변하고 있는 통곡의 벽과 이슬람의 교조 무함마드가 하늘로 승천한 장소로 여겨지는 바위 돔 사원(일명 황금사원)이 나란히 서 있다. 이 구도는 종교간 공존을 상징하는 것이 아니라 한 치도 양보할 수 없는 대립의 상징이 되어 버렸다.

이스라엘이 실질적으로 지배하고 있는 예루살렘에서 무슬림들이 예배를 드리기 위해 바위 돔사원에 가려면 무장한 이스라엘 군인들의 삼엄한 검문을 통과한 후라야 가능하다. 이나마도 빈번하게 제지 받는다.

<예루살렘 성>

바위 돔 사원 내부에는 무함마드가 승천할 때 같이 하늘로 올라가다 무함마드가 발로 차 땅으로 돌려 보낸 바위가 있고 그 바위에 무함마드의 족적이 남아 있다는 전설이 있다. 호기심과 궁금증을 해소하려 필자가 바위 돔 사원에 입장하려 하자 이스라엘 군인의 제지로 결국 발길을 돌려야만 했다.

아랍의 다른 도시에서는 이슬람과 기독교, 유대교가 서로 공생하는 모습들을 보아 왔지만, 이들 모든 종교의 요람인 예루살렘에서는 이와 정반대인 상호간의 적대감과 불신감만 느낄 뿐이었다. 이런 긴장감속에 살아가는 보통 사람들의 모습은 어떨까 하는 궁금증이 생겼다.

팔레스타인에 사는 보통의 아랍 사람들 모습을 찾아서 필자의 지인들이 살고 있는 예루살렘 인근의 라말라를 찾았다. 라말라는 팔레스타인 자치 정부의 임시 수도로서 최근에는 한국 정부가 최초로 팔레스타인 대표부를 설치한 도시이기도 하다.

황금사원

<통곡의 벽과 황금 사원>

예루살렘 북쪽 약 10km에 위치한 라말라는 예루살렘에서 20인승 버스로 이동했다.

국경이라고 할 수는 없지만 예루살렘과 라말라의 경계선에는 역시 무장한 이스라엘 병사들이 삼엄한 검문을 하고 있었다. 라말라 지역으로 들어서자 도로부터 달라졌다. 검문소 이전까지는 아스팔트 도로였는데 라말라지역은 시골의 지방 도로 수준이었다. 양측의 차이를 온 몸으로 느끼는 순간이었다.

필자가 방문했을 당시 라말라는 올리브나무가 지천에 있는 조용하고 아름다운 도시였다. 찻집과 상점, 식당이 손님을 기다리고 있고, 길가에 한가로이 삼삼오오 모여 차를 마시는 사람들, 길거리에서 노는 아이들 등 다른 아랍의 도시에서 흔히 볼 수 있는 평화로운 모습이었다. 한국식당은 없지만 중국식당이 있어 오랜 여행동안 낯선 음식때문에 불만이 쌓여있던 위장을 아쉬운 대로 달랠 수도 있었다.

작은 시골 도시를 찾아 온 동양인 이방인이 낯설었던지 개구장스러운 어린 아이들이 주변에 몰려 들었다. 웃으며 가벼운 인사를 아랍어로 건네자 동양인이 아랍어를 하는 것이 신기했던지 금세 주변에 제법 많은 아이들이 모여 들어 수다를 떨었다.

일상의 대화였지만 그 중에 한 아이가 자기 친구로 보이는 다른 아이를 손으로 가리키며 '저 아이 감옥 갔다 왔어요'라고 친구 자랑(?)을 하고 지목된 아이는 어깨를 으쓱하며 미소를 지었다. 이제 12~13살이나 되었을까? 저 어린 아이가 무슨 죄로 감옥을 갔을까? 그리고 그것을 왜 자랑하지? 하는 생각이 잠시 머리를 스쳤지만, 곧 답을 찾았다. 인티파다(팔레스타인의 이스라엘 저항운동)였다.

강절도와 같은 형사 사건이 아닌 이스라엘에 대한 저항운동에 참

가한 죄로 이미 감옥을 다녀 온 것이었다. 이제 12~13살의 아이가. 그리고 그 아이는 그 또래 사이에서 이미 영웅이 되어 있었다. 이 현실을 어떻게 받아 들여야 하는가? 가슴이 먹먹해졌다.

저녁에 라말라에 있는 지인의 집에 저녁 초대를 받았다. 살림살이가 넉넉한 친구가 아니어서 초대가 부담스러웠지만 손님에 대한 환대를 최고의 미덕으로 삼는 아랍인들의 성품을 알기에 무작정 거절할 수 만도 없어 초대에 응했다.

예상은 맞았다. 동양에서 오래간만에 온 손님에게 자신들이 제공할 수 있는 최고의 음식인 만삽을 저녁 메뉴로 준비했다. 아마 이집의 한 달 부식비는 오늘 식사에 사용한 것 같다. 마음이 무거웠지만 다른 방법이 없었다. 최대한 맛있게 식사하는 것 외에는.

<맨삽>

저녁 식사후에 마을 사람들이 모여 들었다. 아마 동양인 친구가 자기 집에 왔다고 알린 모양이다 아랍인들은 손님에 대한 환대를 아끼지 않지만, 동시에 자신이 손님에게 베푼 환대와 자신의 관대함을 적극적으로 알린다.

손님에 대한 환대가 아랍 사회의 중요한 미덕중의 한가지의 때문이다 체면을 중시하고 자신의 선행을 자랑하는 것을 주저하지 않는 것은 아랍인의 특징 중의 한가지다

모인 동네 사람들과 한담을 하다 '요즘 생활이 어떠냐?'고 물었더니, 여러 가지 불평과 어려움을 조심스레 내뱉었다. 이스라엘에 대한 불만과 두려움이 대부분이었다. 팔레스타인 민병대의 공격으로 테러가 일어 나지만 그 대가는 엄청난 것이었다. 이스라엘 식당과 버스가 테러당하면 팔레스타인의 한 도시가 지도에서 사라진다는 말에는 공포가 서려 있었다.

자신의 정부와 이스라엘에 대한 대부분의 불평은 생계와 관련된 것이었다. 그 중의 한 사람은 장사를 해서 돈을 벌면 이스라엘과 팔레스타인 정부 두 곳에 모두 세금을 내어야 한다고 불만을 토로했다. 어디든 좋으니 한 곳에만 세금을 내고 생활이 나아졌으면 좋겠다는 소박한 바램 그 이상이 아니었다.

그날 밤을 지인의 집에서 하루 묶는다고 하니 다음 날은 자신의 집으로 오라는 초대가 줄을 이었다. 어쩌면 약 1주일 숙식비는 아낄(?) 수 있을 상황이었다. 어렵고 고단한 삶이지만 아랍인으로서의 전통과 자존감은 지키려는 모습이었다.

요르단으로 돌아오는 길에 낯선 광경을 다시 한번 목격했다. 이스라엘 국경에서 버스에 짐을 두고 몸만 내려 출국 수속을 끝났다. 짐

을 찾으려 국경 직원에게 물으니 이스라엘과 요르단 국경선 사이의 중립 지역으로 걸어 가라고 무뚝뚝하게 대답했다. 황당했지만 다른 아랍인들과 함께 가보니 중간 지역인 공터에 버스에 실려 있던 짐들이 내팽개쳐져 있었다. 검색을 마친 개인 소지품들이었다. 황당했다. 항의하는 사람도 대상도 없었다. 멀리서 이스라엘 군인들이 주시하고 있을 뿐이었다. 주변의 아랍인들은 일상의 일인듯 주섬주섬 개인의 짐들을 찾아서는 다시 걸어서 요르단 지역으로 향했다.

참담한 기분과 저린 가슴을 안고 요르단 검문소에 도착했다.

최근까지 이스라엘과 팔레스타인의 군사적 대립과 갈등은 계속되고 있고 그 피해자는 대부분 부녀자와 아이들을 포함한 민간인이었다. 종교를 앞세우고 있지만 결국은 자신의 생존과 번영만을 위한 지독한 이기심의 결과임을 우리 모두는 알고 있다. 알면서도 우리 일이 아니라고 외면하고 있는 우리도 이기적인 것은 매 한가지다.

같은 신을 모시고 있고 혈통을 따져보면 이복형제간인 유대인과 무슬림의 대립과 갈등의 끝은 언제일까? 이들의 공동 조상인 아브라함이 이들의 지금의 모습을 본다면 어떤 심정일까? 물어 보고 싶다.

2. 두 얼굴의 도시, 베이루트

지중해의 동쪽 끝에 위치한 레바논은 중동 국가이지만 지리적으로 기독교 문명권과 이슬람문명권의 접점에 위치하고 있어 일찍부터 그리스·로마·비잔틴 제국 등 외부 문명과 쉽게 소통할 수 있었다. 이러한 레바논의 지리적·문화적 특징은 레바논 문화에 다양성을 주기도 하지만, 레바논을 처음 방문하는 여행자를 다소 혼란스럽게 하기도 한다.

다른 아랍 국가에서는 감히 상상도 할 수 없는 비키니 차림의 젊은 아가씨들이 자신의 몸매를 자랑하는 미인 대회가 열리는 나라인 동시에 온몸을 히잡으로 감싼 아랍 여인을 거리에서 쉽게 만날 수 있는 나라가 레바논이다. 짧은 미니스커트와 노출이 심한 옷을 입은 여성들이 카푸치노와 함께 오후의 여유를 즐기고 있는 노천 카페 옆에는 개인 화기로 중무장한 군인이 경계를 서고 있는 모습이 한 눈에 들어오는 도시가 베이루트다.

<베이루트의 노천 카페>

레바논의 수도 베이루트는 '중동의 파리'로 불리며 오랫동안 중동에서 경제·사회·지식·문화산업의 중심지이기도 하지만, '영혼없는 도시'란 오명도 함께 갖고 있다. 1970년대 이후 계속된 내전으로 베이루트의 대부분의 건물들이 파괴되자 서방 세계의 도움으로 도시 재건작업이 시작되었다. 그 결과 오스만 터키 시대와 프랑스 식민 시대의 건축물들이 대부분 복구되었지만, 파괴된 채 복구되지 못한 주변과 조화를 이루지 못한 외딴 섬의 도시가 되었기 때문이다.

재건된 베이루트 신시가지와 파괴된 채 남아 있는 주변 지역은 베이루트의 현 주소를 적나라하게 보여 주고 있는 것 같다.

현재 레바논은 시리아와 이스라엘 간 전쟁의 전장이 되고 있으며, 각종 테러와 크고 작은 사건들이 끊이지 않고 일어나지만, 정작 그

속에 살고 있는 베이루트인들은 이러한 혼란에 대해 무신경한 것 같다. (북한 핵의 위협에 이제는 다소 무감각해진 우리와 묘한 동질감을 느끼기도 한다). 전쟁의 징후가 있으면 어디서나 나타나는 대탈출의 행렬도 볼 수 없고, 식료품 등을 사재기 하는 모습도 볼 수 없다. 카페에서 들리는 베이루트인들의 일상의 대화는 정치나 시국에 관한 것이 아니라, 지난 휴가에 대한 기억과 다가오는 여름 휴가를 위한 정보 교환이 대부분이다.

베이루트에 사는 필자의 한 지인은 베이루트 사람들은 결혼하면 집을 장만하는 것이 관심이 아니라 어떤 자동차를 살 것인가 하는 것과 다음 휴가 계획에 더 큰 관심을 보인다고 귀띔 해준다.

거리에서 만나는 베이루트 시민들은 활기차고 밝으며 외국인에게는 아랍인 특유의 친절함을 아끼지 않는다. 아랍어가 아닌 프랑스어 'bonjour'라고 눈 인사를 건네며 말을 붙여 오는 베이루트인은 얄팍한 상인의 꿍꿍이를 감추고 있지만 겉으로 나타나는 모습은 사뭇 온화하고 친절하다. 그 어디서도 전쟁과 테러로 인한 공포를 발견하기는 쉽지 않다.

이런 여유(?)는 베이루트인들의 타고난 낙천성인지 아니면 본인들의 영역을 벗어난 일들에 대한 과감한 무관심인지 이방인으로서는 가늠하기 쉽지 않다.

다만 역사상 가장 위대한 상인들을 조상으로 둔 후손들의 현실적인 감각과 계속되는 전쟁으로 인한 피로감이 오늘 날 베이루트인들의 의식을 지배하고 있지 않나 하는 생각이 언뜻 스쳤다.

베이루트의 학문적·문화적 잠재력도 무시할 수 없다. 지중해변에 위치한 베이루트 아메리칸대학교(American University in Beirut)

<베이루트 아메리칸대학교>

는 지구상에서 가장 아름다운 대학으로 칭찬받고 있지만, 이 대학의 진정한 자랑은 아름다운 캠퍼스가 아니라, 현재 활동중인 아랍 외교관들의 상당 수가 이 대학 출신이라는 점이다. 또한 아랍의 대표적인 문인인 칼릴 지브란이 이 지역 출신이며 그가 영면에 든 마지막 안식처도 베이루트 근처의 벡카 계곡에 있다.

베이루트는 중동과 서방지역에서 찾아오는 관광객들로 붐비는 주요 관광지이기도 하다. 고대 신석기 시대의 유물부터 그리스, 로마, 비잔틴, 이슬람, 오스만 터키 등 인류의 주요 문명들의 흔적뿐만 아

<베이루트의 나즈마광장>

니라 세계 최고 수준의 명품 브랜드 매장도 모두 갖추고 있다.

베이루트 시내 중심의 나즈마(Najmah)광장의 시계탑(Ottoan) 앞에 서면 유럽의 자유와 아랍의 절제, 문화의 융성과 전쟁의 피폐를 한 눈에 볼 수 있다. 여행자에겐 큰 행운이다. 거대한 이슬람사원과 교회가 나란히 서 있는 모습도 기독교와 이슬람이 갈등 관계에 있다고만 생각하는 이방인에게는 낯선 풍경이다.

베이루트와 연결된 지중해 바다에 개선문처럼 당당하게 서 있는 '비둘기바위'는 자연이 베이루트에 준 선물이다. 평화롭게 이어진 베이루트의 해변(cornishe)을 강태공만이 차지할 것이 아니라 베이루트를 찾는 모든 이에게 베이루트에 대한 강한 인상을 남겨 주고 있기 때문이다.

도보로 반나절이며 도시의 거의 모든 곳을 둘러볼 수 있는 곳이 베이루트이지만, 이 작은 공간에 자연의 축복, 인간의 창조적 의지와 함께 인간의 탐욕과 욕망을 모두 느낄 수 있어 여행자의 마음을 무겁게 하는 도시가 베이루트다.

\<비둘기 바위\>

3. 이슬람·기독교 '공존의 불빛', 다마스쿠스

다마스쿠스는 지금은 내전을 겪고 있는 시리아의 수도 정도로 기억되지만, 아랍·이슬람 역사에서 다마스쿠스는 비교할 수 없는 역사적·문명적 중요성을 갖고 있는 도시다.

일개 부족 연합체였던 아랍·이슬람 공동체가 근대적 의미의 첫 국가로 발전한 우마이야왕국(AD660~750)의 수도가 현재의 다마스쿠스다. 이 왕국의 등장은 동·서로마의 분열과 비잔틴 페르시아 제국의 쇠락으로 무주공산이 된 지중해의 새로운 패자로 등장한 아랍·이슬람 세력의 본격적인 등장을 알리는 서곡이기도 했다.

일찍부터 '동양의 진주'라 불린 시리아는 북쪽 터키 고원과 남쪽 아라비아 반도의 완충지대이면서 지중해에 위치하고 있어 동서와 남북을 잇는 육상과 해상의 교통 요충지 역할을 해왔다.

이방인이 시리아의 수도 다마스쿠스에 첫 발을 내딛었을 때 갖는 느낌은 이 도시는 이집트의 카이로에 버금가는 고도(古都)라는 것이다. 회색빛을 띠고 있는 건물에서부터 건물마다 자욱이 내려 앉아

<다마스쿠스 거리>

있는 먼지와 이끼의 두께는 이 도시의 오랜 역사를 짐작하게 한다. 웬만한 건물들은 건축 연대가 500년이 넘었고, 이 건물들은 주택이나 식당 등의 용도로 여전히 사용되고 있다는 현지인들의 설명을 듣고서는 이방인의 짐작이 틀리지 않았음을 알았다.

필자가 방문했던 한 식당은 약 800년 전에 세워진 개인 저택이었다. 더운 날씨와 지열을 피하기 위해 지하에 거주 공간이 마련되었다. 거실과 침실, 주방, 화장실, 창고 등 생활에 필요한 모든 시설이 지하에 갖추어져 있었고, 그 흔적을 고스란히 유지하고 있었다. 식당이라기 보다는 작은 박물관이었다.

역사문화도시로서 다마스쿠스의 진면목은 역시 구시가지에서 발견할 수 있다. 로마 성벽에 둘러 싸여 있는 구시가지는 전통적인 이슬람 도시 구조인 우마이야 사원을 중심으로 펼쳐져 있다. 이 사원은 AD705년 당시의 칼리파였던 알 왈리드 이븐 압둘 말리크(Al-Walid ibn Abdul Malik)에 의해 건설된 것으로 사원의 입구는 아랍의 가장 큰 전통 시장인 하미디야 시장과 연결되어 있다. 이는 신앙의 장소인 사원과 삶의 공간인 시장이 분리되어 있지 않다는 이슬람식 사고의 상징이기도 하다.

우마이야 사원은 시리아에서 가장 큰 이슬람 사원으로서, 예루살렘의 바위 돔 사원(Dome of Rock)과 함께 아랍 건축물의 대표적인 형태로 간주되고 있다. 특히, 우마이야 사원의 세 개의 첨탑은 아유비 왕조와 맘룩 왕조, 오스만 터키 시대에 보수된 것으로서 각기 다른 형태와 양식을 보여 주고 있다. 우마이야 사원은 규모뿐만 아니라 사원 안팎을 장식하고 있는 모자이크 작품으로도 유명하다. 우마이야 사원의 모자이크는 아랍 모자이크 예술의 백미(白眉)라는 평을 받고 있다.

<살라딘의 무덤. 오른 쪽이 진짜이고,
왼쪽은 독일 황제 빌헬름 2세(1898)가 선물한 가짜 무덤.>

<다마스쿠스 우마위야사원>

이 사원은 현재 이슬람의 대표적인 사원으로 남아 있지만, 처음부터 이슬람 사원은 아니었다. 원래 이 사원이 서있는 자리는 고대 시리아의 최고신인 하다드(Hadad)를 모신 신전이 있다. 로마시대에 하다드 신전이 있던 자리에는 로마인들을 위한 주피터 신전이 건축되었고, 그 후 기독교 시대였던 비잔틴 제국 때는 세례 요한 교회로 전환되었다. 이슬람 시대였던 우마이야 왕조 때 세례 요한 교회는 우마이야 사원으로 바뀌었다.

이 사원과 관련하여 흥미로운 점은 헤롯 안티파스 왕에게 참수 당했던 세례 요한의 머리가 이 사원 안에 보존되어 있다는 것이다. 우마이야 사원을 건설할 때 사원 자리에 있던 세례 요한의 무덤을 이장하지 않은 까닭에 이슬람 사원의 중앙에 기독교 성자의 유해가 안치된 것이다. 기독교 성자의 유해가 이슬람 사원에 안치되어 있다는 것은 대립과 갈등을 지속하고 있는 21세기의 기독교와 이슬람의 관계에서는 쉽게 이해할 수 없는 '적과의 동침'이다. 그러나 이슬람에서는 기독교의 성자들을 하나님의 사도(使徒)로 인정하는 전통을 이해한다면 이상할 게 없다. 오히려 21세기 양대 갈등의 축인 이슬람과 기독교의 화해와 공존의 상징으로 이해할 수 있을 것이다.

하미디야 시장은 AD1853년 당시 오스만 터키의 술탄이었던 압둘하미드(Abdul Hamid)에 의해 세워졌으며, 그의 이름에서 시장 이름이 연유되었다. 이 재래 시장은 현존하는 아랍의 가장 큰 재래시장으로서 각종 수공 제품, 은 세공품, 카페트 등의 면직물로 유명하여 전 아랍 세계의 상인과 외국 관광객들을 불러 모으고 있다. 특히 중세부터 각종 공예품의 제작, 판매지로서의 명성을 지니고 있는 곳이기도 하다.

<하미디야시장>

하미디야시장 바로 옆에는 십자군의 영웅인 살라딘의 무덤이 있다. 기독교 십자군의 침략을 막아 낸 불세출의 영웅의 빈소는 지금도 참배객이 줄을 잇고 있다. 그를 기념한 사원에는 살라딘의 관이 2개가 있다. 하나는 그를 안치한 실제 관이고 바로 옆의 관은 그를 기념하기 위해 독일이 똑같이 제작하여 기증한 가짜 관이다. 십자군의 후손이라 할 수 있는 유럽 국가가 살라딘의 관을 선물했다는 것은 묘한 역사의 아이러니라 하겠다.

한국과 정식으로 국교를 수립하고 있지는 않지만, 시리아는 한국에 대해 상당히 호의적인 나라다. 필자가 시리아 내전 직전에 다마스쿠스대학을 방문해 인문대학 학장을 만났을 때 이 학장은 많은 한국 학생들이 시리아에서 아랍어 연수를 하고 있는 점에 고무되어 있었고, 양국간의 교류가 더욱 확대되기를 바라는 희망을 피력하기도 했다.

거리 곳곳에 한국의 전자 제품을 홍보하는 광고판을 볼 수 있고, '00학원' 등의 한글로 적힌 상호가 새겨진 중고 자동차가 거리를 활주하고 있는 모습을 보면 실소를 짓게 된다.

시리아는 자존감이 강하고 외관상으로는 미국에 대한 저항감이 큰 나라이다. 나름 아랍의 맹주 국가로서의 자존감과 체면때문에 미국 문화를 배제하려는 노력을 하고 있고 전 세계인들이 애용하는 콜라도 자체 제품을 생산해 판매하고 있다. 전 세계에서 가장 큰 점유율을 갖고 있는 브랜드 콜라는 유태인 회사라 수년전까지 수입을 거부하고 있었다. 그래서 시리아에서 콜라를 주문할 때 사용하는 용어는 '펩시'다.

다마스쿠스의 웅장하고 고색창연한 모습 전체를 한눈에 바랄볼 수 있는 까시온산은 다마스쿠스의 또 다른 매력이다. 특히 까시온산에서 본 다마스쿠스는 이 도시 전체가 세계문화유산으로 지정된 이유를 설명해 주고 있다.

<까시온산에서 본 다마스쿠스>

다마스쿠스는 보수적인 이슬람 국가의 수도이지만, 비잔틴 제국의 영향으로 인해 기독교의 유적이 산재해 있는 복합적인 종교적 특징을 지닌 도시이기도 하다.

다마스쿠스는 '교회의 핍박자' 바울이, 교회 역사상 가장 위대한 복음 전도자 사도 바울로 다시 태어난 바울의 신앙적 탄생지로서 기독교 역사의 한 페이지를 차지하고 있어, 전 세계 기독교도들의 주요 순례지이기도 하다.

오늘날의 다마스쿠스는 수천 년에 걸친 유물을 간직하고 있는 살아 있는 박물관으로서의 모습과 함께 서구 사회의 현대적인 도시의 기능도 함께 갖추고 있다. 초고층 건물과 현대식 호텔, 대중화되어 있는 모바일 폰, 이른 아침부터 출근을 서두르는 시민, 길거리를 가득 메운 자동차 경적 소리와 소음 등은 전 세계 어디서든 발견할 수 있는 일반적인 도시의 모습이다.

오랜 내전으로 인해 현재의 다마스쿠스는 많이 피폐해 있을 것 같다. 인류의 박물관과 같은 다마스쿠스의 그 많은 소중한 역사적 유물들이 어쩌면 인간의 어리석은 욕망으로 인해 파괴될 수도 있어 안타까운 마음을 금할 수 없다.

<하마의 물레방아>

4. 이슬람의 관용과 소통, 암만

요르단은 아라비아반도의 북부에 위치한 작은 나라이지만 아랍 국가들 사이에서 특별한 의미와 위치를 차지하고 있는 나라다. 부존 자원도 인구도 작은 저개발국가이지만 요르단의 왕가인 하쉼(Hashimite)가는 이슬람교의 교조인 무함마드의 직계 가문이다. 우리 식으로 표현하면 이슬람의 종가(宗家)인 셈이다. 이러한 종가의 자부심과 역사적, 문화적 자부심이 요르단인들의 의식 속에 남아 그들의 자존심과 긍지로 표현되는 듯하다.

평소 알고 지내던 요르단인에게 미국으로 이민 간 요르단인들이 생계 수단으로 미국 가정의 가정부로 일하는 경우가 있다는 말을 전하자, 필자의 친구인 요르단인은 '요르단 사람이 그럴 리가 없다'고 정색을 하며 부정을 해 필자를 무안하게 만든 적도 있다. 그만큼 자신들에 대한 자부심과 긍지가 강한 사람들이 요르단인들이다.

그 요르단의 중심에 암만이 있다. 요르단의 수도 암만은 해발 850미터의 고원에 위치하고 있고, 7개의 언덕위에 건설된 도시이지만, 고지대인 탓에 열사의 중동에서 인간이 거주하기에 비교적 쾌적한 환경을 제공하고 있다.

암만의 봄인 3월과 4월에는 더 넓은 광야가 초록빛으로 물들고, 이름모를 들꽃들이 지천에 피어나는 것을 보면 과연 이곳이 중동인가 하는 생각을 들게 한다.

여름에는 40도 가까이 온도가 치솟지만, 그늘에 들어가면 선선함을 느끼고 밤에는 긴 소매 남방이 생각나기도 한다. 이런 환경 때문에 암만에는 걸프 지역의 부유한 사람들이 가족들을 이끌고 여름을 보내기 위해 암만을 찾는 모습을 종종 볼수 있기도 하다.

암만은 중동 지방으로서는 드물게 겨울에 비와 눈이 내리기도 한다. 최근에는 폭설로 학교가 휴교했다는 소식도 들린다. 중동의 더운 날씨만을 생각하고 가벼운 옷차림으로 암만을 방문한 여행자라면 겨울인 11-2월에는 낭패를 보기 십상이다. 사막과 낙타, 베드인 등의 삭막하고 건조한 환경으로 중동을 연상하는 이들에게 암만은 생경한 지역임이 분명하다.

암만은 전후 이라크의 복구와 관련된 개발 붐과 함께 전 세계 투자가들의 주목을 끌고 있다. 이라크의 공항과 항만 등 교통 인프라

<암만 구시가의 로마원형극장>

<암만의 후세인사원>

가 정상적인 기능을 하지 못하고 있는 현재 상황에서 이라크와 관련된 사업은 암만을 경유지로 활용하고 있다. 이라크의 전쟁 난민들이 요르단에 대거 정착하면서 사회적 불안 요인이 되기도 하지만, 이들을 위한 국제 단체의 경제적 지원과 외국 자본의 유입은 요르단 경제를 활성화시키고 있고 은행업과 건설 산업은 요르단 경제 발전의 자양분을 공급하고 있다.

요르단의 하늘의 관문인 알리야 공항을 통해 암만에 도착하면 다른 아랍 국가의 도시들과 달리 공항이 잘 정리되어 있다는 느낌을 먼저 받는다. 아랍 국가의 공항에서 의례적으로 겪는 택시 호객꾼들의 지나친 환영(?)도 암만에서는 즐길 수 없다. 오히려 순서를 기다리고 있는 택시와 목적지까지의 요금을 미리 알려주는 친절은 낯선 도시를 찾은 이방인의 걱정과 우려를 씻어 준다. 그리고 대기하고 있는 택시의 대부분이 한국산이라는 점은 여행자에게 무엇보다 반

가운 환영인사가 될 것이다. 암만으로 들어가는 택시 안에서 기사로부터 '자기 집에는 아내를 제외하고는 모두 한국산'이라는 한국 제품에 대한 다소 과장된 칭찬을 들으면 요르단은 이미 친숙한 나라로 다가와 있었다.

요르단은 과거 영국의 식민 지배를 경험한 까닭에 영국식 도시 구조의 특징을 갖고 있다. 영국의 지배를 받았던 대부분의 도시에서 발견할 수 있는 원형 교차로를 암만에서도 발견할 수 있다. 암만의 도시 구조는 7개의 언덕에 원형 교차로를 만들고 이 교차로를 중심으로 주택가와 상가 등이 밀집되어 있는 구조다.

암만 신시가지의 변화하는 모습은 2-3년마다 암만을 방문하는 필자도 현기증을 느낄 정도다. 암만 신시가지의 스카이라인은 해마다 높아지고 있고, 현대식 고급 호텔과 대형 백화점이 필요 이상이다 싶을 정도로 들어서고 있다. 웅장한 고가도로와 지하도로의 모습, 다른 아랍 도시의 여성들에 비해 개방적인 여성들의 옷차림, 수년전까지만 해도 간혹 보이던 생맥주집이 거리 곳곳에서 네온사인을 번쩍이고 있는 모습 등은 전통적인 이슬람 도시에서 현대적인 서구 도시로 탈바꿈하고 있는 암만의 새로운 모습이다. 이런 변화는 보수적인 성향의 요르단인들을 당혹시키고 있고, '요르단은 더 이상 이슬람 국가가 아니다'라는 탄식까지 자아내게 한다.

반면에 암만의 구시가지는 전형적인 이슬람 도시의 모습을 잘 간직하고 있다. 시내 중심가의 이슬람 사원 중심으로 자리 잡고 있는 크고 작은 상가들, 사원 안에서 꾸란을 읽고 있거나, 삼삼오오 모여서 담소를 나누고 있는 사람들, 복잡한 거리, 질주하는 차량들 사이를 여유있게 가로 지르는 사람들, 한가롭게 길거리 카페에 앉아 물 담배를 피우고 있는 현지인의 모습 등은 전형적인 아랍 도시의 모습이다.

요르단의 최고 대학인 요르단대학교에는 한국어과가 개설되어 요르단인들이 한국어와 한국 문화를 직접 접하게 됨에 따라 요르단은 우리에게 더욱 친근하게 다가오고 있다. K-pop과 한국 영화를 즐기고 한국 음식을 즐기는 이들의 모습을 한국인으로서의 자부심과 긍지를 느끼기도 한다.

암만의 보통 사람들의 일상생활이 궁금해 노선버스를 탄 적이 있다. 좁고 복잡한 20인승 버스임에도 불구하고 외국 손님이라는 이유로 필자에게 자리를 양보하는 그들의 따뜻한 배려에 감사했다. 일정한 노선을 따라 운행하는 버스였지만, 짐이 많은 할머니를 위해 노선을 벗어나 집까지 할머니를 모셔다 드리는 버스 기사의 친절(?)에 대해 그 누구도 불만을 제기하지 않았고, 길가의 노점상에서 버스 기사가 과일을 사기 위해 잠시 차를 세워도 아무런 불평이 없다. 필자를 당황하게 하는 순간이었다. 아마 한국이었으면 당장 버스 기사와 실랑이가 생기거나 버스 회사에 민원이 빗발쳤을 것이다. 다들 가난하고 힘든 삶을 살고 있기에 그들 스스로 배려하는 사회적 합의라고 스스로 정리해 보았다.

암만은 인구의 대부분이 무슬림이지만, 자유로운 신앙 생활이 가능한 곳이다. 요르단의 대표적인 사원인 킹 후세인 사원의 둥근 첨탑과 나란히 가톨릭 성당의 십자가가 서 있는 모습은 요르단이 보여 주는 종교적 자유와 관용을 상징적으로 보여 주는 모습이다.

2000년 3월 교황 요한 바오로 2세가 종교간 화합을 위해 암만을 방문했을 때 암만에 비가 내리자 뉴스 앵커가 '이 비는 하나님의 축복입니다'라는 멘트로 교황을 환영했다. 암만 시내의 종합 운동장에서 교황이 대규모 미사를 집전하는 모습을 생중계하는 모습은 교황의 종교간 화해 메시지에 대한 요르단의 화답이었다.

헌법에서 국교를 이슬람으로 규정하고 있는 이슬람 국가임에도 타 종교와 문화에 관대한 나라가 요르단이다. 다양한 문화와 문명이 요르단의 역사와 문화의 지층을 형성하고 있기에 공존과 공영의 지혜를 일찍부터 깨우친 듯하다.

과거와 현재가 공존하고 있는 도시, 기독교와 이슬람이 공존하고 있는 도시, 작고 조용하지만 오랜 역사를 통한 저력과 단아함을 갖추고 있는 도시가 이방인의 눈에 비친 암만이다.

<마다바의 모세기념교회 상징물>

5. 붉은 바위산의 고대도시, 페트라(Petra)

페트라는 아라비아반도 서북쪽에 위치한 작은 나라인 요르단의 남서쪽 깊은 계곡 속에 있다. 페트라는 6세기 지진으로 인해 모래 속으로 사라졌고 이후 수많은 이야기와 전설을 간직한 채 이야기 속에 전해 내려오던 은둔의 땅이었다. 이 지역에 거주하던 베드윈들 사이에 전해오던 전설 속 도시를 세상 밖으로 끄집어 낸 사람은 스위스 탐험가인 요한 부르크하르크(Johann Ludwig Burckhardt)였다. 베드윈들의 이야기를 토대로 직접 발굴 작업에 나선 이 탐험가는 1812년 파라오의 무덤, 오벨리스크, 그리스, 로마와 페르시아의 건축 양식 등 고대 지중해와 중근동 문명의 모습을 한 몸에 안고 있는 이 고대 도시를 세상에 알렸다.

이 고대 도시는 고고학적인 가치뿐만 아니라, 붉은색의 사암과 석회석으로 구성된 도시 그 자체가 하나의 거대한 예술 작품을 보는 것 같은 착각에 빠지게 한다. 당대의 영국 시인 존 버건(John William Burgon)은 페트라를 방문한 후 그 아름다움에 매혹되어 이 도시를 '붉은 장미의 도시'로 묘사하기도 했다.

<페트라 유적의 원경>

<페트라는 지명에서도 알 수 있듯이 붉은 색을 띤 바위로 된 거대한 고대 도시이다. 페트라 전체는 거대한 사암과 석회암으로 구성된 도시이기에 대부분의 구조물은 건축된 것이 아니라 조각된 것이다(사진은 페트라의 내부 모습)>

1985년 세계문화유산 지정... 영화, 드라마의 배경

UNESCO는 페트라를 '인류의 가장 진귀한 문화유산'중의 한 곳으로 묘사하며 1985년 세계문화유산으로 지정했고, 문화와 유적 분야의 저명 잡지인 Smithsonian은 페트라를 '죽기 전에 가보아야 할 28곳'중의 한 곳으로 지정했다. 2013년에는 세계의 불가사의로 지정됨으로써 더욱 세계인의 주목과 관심을 끌고 있는 지역이 페트라이기도 하다. 그 유명세 탓에 페트라는 전 세계에서 입장료가 가장 비싼 유적지(1일 80,000원~140,000원)중의 한 곳이기도 하다.

페트라는 한국에서도 큰 호평을 받았던 영화 인디아나 존스, 트랜스포머2와 최근의 국내 드라마 미생에 등장함으로써 한국인에게 익

<페트라 입구의 오벨리스크 형식 혈거 무덤>

숙해지기도 했지만, 이집트에서 출발하여 이스라엘에 이르는 기독교 성지 순례의 순방 코스로 알려져 더욱 친숙한 유적지가 되었다.

페트라(라틴어의 petrae(바위)가 어원)는 그 지명에서도 알 수 있는 것처럼 붉은 색을 띤 바위로 된 거대한 고대 도시다. 그러나 페트라 인근 지역은 겨울에는 비와 눈이 비교적 풍부하게 내려 농경이 가능한 경작지역이기도 하다. 때문에 아라비아 반도의 전통적인 생태 환경인 유목 환경과 함께 농경이 가능한 지역이다. 중동하면 떠오르는 메마르고 거친 사막 지역이라는 우리의 고정 관념을 바꾸어주는 곳이 페트라이기도 하다.

페트라는 홍해의 아카바에서 시작해서 다마스쿠스로 이어지는 고대의 주요 무역로였던 '왕의 길(king's road)'의 중간에 위치하고 있어 중계 무역에 적합한 입지를 갖고 있었다.

<페트라에서 볼 수 있는 붉은 바위산. 원숭이를 닮은 원숭이 바위의 모습>

나바트인들은 기원전 6세기경부터 이 지역에 거주하며 중계무역
으로 엄청난 부를 획득했고 이를 바탕으로 한때 북쪽으로 현재의 다
마스쿠스와 동쪽의 사우디아라비아에 이르기까지 영토를 확장하리
만치 북서 아라비아반도 지역에서 막강한 영향력을 행사하기도 했
다. 특히, 향료와 유향의 제조 기술을 일찍부터 발견하여 중근동 및
지중해지역과 교역함으로써 엄청난 부를 축적했고 이는 부유한 나
바트 제국의 기틀이 되기도 했다.

페트라 정착 나바트인 기술, 문화 발전... 막강한 영향력

이러한 지리적, 생태적 환경에 힘입어 토착민이라 할 수 있는 나

바트인들은 정착 생활을 위한 기술과 문화를 발달시켰다. 물을 운반하고 저장할 수 있는 수로와 댐 등의 관개 시설을 개발하여 사용하였고, 이 흔적은 지금도 발견할 수 있다. 이 지역에서 사용되던 나바트 문자가 아랍어 문자의 기원이 되었음은 학계에 이미 알려진 사실이다.

구약성경의 출애굽기에도 페트라와 관련된 기록이 있다. 하나님의 명에 따라 가나안 땅을 찾아 출애굽한 모세가 홍해를 건너 황야를 헤매다 페트라를 지나게 되었다. 이때 목이 말라 쓰러져 가는 유대 백성들을 위해 모세가 하나님께 기도를 하자 하나님이 모세에게 한 지역을 가리키며 지팡이로 땅을 내려치라고 했다. 모세가 지팡이로 땅을 내려지자 그 곳에서 물이 나와 그 물로 유대 백성들의 기갈을 해소했다는 전설을 담고 있는 모세의 우물이 지금도 페트라 입구

<페트라의 입구인 시크(Siq, 바람 골짜기, 협곡)는 길이 1,2km, 높이 80~100m, 폭이 3~5m에 이르는 긴 협곡이다.>

에 남아 있다. 또한 모세를 도와 출애굽을 이끌었던 모세의 형이자 대제사장인 아론(Aron)이 생을 마친 곳이 페트라이며 그의 무덤이 이곳 하룬(Harun)산 정상에 안치되어 있다.

페트라의 이러한 생태적 환경은 중근동과 지중해 지역 패권 국가들의 관심을 끌게 되었다. 수차례에 걸친 로마의 침략을 나바트인들은 페트라 특유의 지형을 이용하여 물리쳤지만 결국 로마에 점령당했고 이후 페르시아와 비잔틴과 아랍인이 지역을 지배했다. 이러한 지중해와 중근동의 여러 제국이 페트라를 지배한 흔적과 그들의 문화는 페트라의 각종 건축물과 유적에 고스란히 남아있다.

협곡 사이 위치 ... 자급자족 기능을 갖춘 천연 요새

페트라의 출입문으로 들어서는 순간 마치 1,500여 년 전으로 돌아가는 타임머신을 탄 것 같은 착각이 든다. 출입문을 들어선 순간에 마주한 자갈길과 주변의 풍광은 5세기 경 페트라의 민낯인 것 같다. 뙤약볕 아래를 얼마 걷지 않아 이집트에서 볼 수 있는 오벨리스크 형상의 구조물과 방치된 혈거식 구조물들이 숱하게 발견된다. 이 동굴들은 기본적으로 나바트의 왕들을 포함한 귀족과 평민들의 무덤으로 만들어진 것이지만, 살아 있는 사람들이 거주하기도 한다. 산자와 죽은 자를 격리시키는 동양적 관점과 달리, 산자와 죽은 자가 함께 생활하는 중근동식 삶의 방식을 발견할 수 있다.

페트라는 그 자체가 경제적 자급자족 기능을 갖추고 있었고, 군사적으로 천연의 방어 기능을 갖춘 완전한 도시였다. 현재 페트라의 입구에 해당하는 시크(sikh)에는 페트라의 내부로 연결되어 있는 수로를 발견할 수 있다. 이 수로는 우기에 해당하는 겨울에 내린 비를 페트라 내부로 연결하는 일종의 송수관 역할을 했었고, 수로를 통해 공급된 물을 비축할 수 있는 댐도 페트라 내부에 있다.

페트라에 들어가기 위해 반드시 거쳐야 하는 시크는 길이 1.2km, 높이 80~100m, 폭이 3~5미터에 이르는 긴 협곡이다, 이 협곡은 그 자체가 군사적으로 천연의 방어 기지여서, 나바트인들이 그 당시 지중해에서 가장 강력한 군대였던 로마의 군대를 수차례나 물리 칠 수 있었던 가장 큰 방어막이 되기도 했다. 현지의 베드윈들의 이야기에 의하면 수차례의 실패 끝에 마침내 페트라를 점령한 로마 군대가 분풀이를 할 목적으로 100m에 달하는 시크위에서 나바트인들을 떨어트려 죽였다는 이야기도 전한다.

나바트에서 로마에 이르는 다양한 건축양식이 조화를 이룬 예술 작품

페트라 전체는 거대한 사암과 석회암으로 구성된 도시이기에 대부분의 구조물은 건축된 것이 아니라 조각된 것이다. 특히, 페트라의 대표적 조각물인 '카즈나(al-Khajnah, 창고)'는 높이가 43m, 너비가 30m에 달하는 거대한 구조물이지만, 건축물이 아닌 조각물이다. 카즈나는 단순하고 투박한 나바트인 고유의 건축양식으로 시작해서 이집트, 메소포타미아, 페르시아 건축양식을 거쳐 후기의 세련되고 건축미가 넘치는 그리스, 로마식 건축에 이르기까지 주변 국가들의 문화적·예술적 성취를 한 눈에 볼 수 있는 지중해의 혼종 예술 작품이다.

<페트라의 대표적인 조각물인 카즈나(al-Khajnah)는 높이가 43m, 너비가 30mdp 달하는
거대한 구조물이다. 카즈나는 단순하고 투박한 나바트인 고유의 건축양식으로 시작해서
세련되고 건축미가 넘치는 그리스, 로마식 건축에 이르기까지 주변 국가들의 문화적,
예술적 성취를 한 눈에 볼 수 있는 지중해의 혼종 예술 작품이다.>

　　오스만투르크가 이 지역을 차지했을 때 화려하게 조각된 카즈나
의 외양을 보고 보물 창고로 오해하여 문을 열기 위해 입구에 총을
발사했다. 그 결과 지금도 카즈나의 전면에 당시의 총알 자국이 선
명하게 남아 있어 이 지역의 역사를 증언해 주고 있다.

　　카즈나를 왼쪽에 두고서 계속 걸어가면 큰 광장에 마주치게 되고,
광장에는 로마 점령의 표식인 원형 극장과 열주 거리가 있다. 원형
극장의 규모가 2,500~3000명을 수용할 수 있는 규모라 하니 페트라
가 나바트인들의 수도였을 당시 이 도시의 규모를 짐작할 수 있다.

　　열주 거리와 나바트 박물관을 지나면 다시 등산길이 시작되고 그 끝
에 카즈나와 비슷한 형식의 구조물인 데이르(al-Dayr, 수도원)를 발견

할 수 있다. 이 구조물 역시 나바트 왕의 무덤으로 만들어 졌지만, 그 모양이 지극히 아름다워 나중에는 비잔틴의 교회로 사용되기도 했다.

하룬산 정상에서 바라본 페트라의 환상적인 전형

시크에서 시작하여 데이르에 이르는 이 길이 관광객이 찾는 일반적인 페트라 탐방 코스다. 이 일정은 페트라의 대표적 구조물을 볼 수 있다는 장점이 분명히 있지만, 페트라의 진면목을 보기 위해서는 다소 아쉬운 점이 있다. 다른 코스를 추천한다.

카즈나를 지나 100m 정도가면 차를 마실 수 있는 휴게소가 있고, 이 휴게소 뒤편에 좁은 등산로가 있다. 이 길은 모세의 형인 아론의 무덤이 있는 하룬산으로 오르는 길이다. 다소간 험난한 길이지만, 하

<모래가 뭉쳐 만들어진 사암이 만들어내는 무늬>

룬 산의 정상에서 바라보는 페트라의 전경은 탄성을 자아내게 한다.

하룬 산 정산에서 연결된 능선 길을 따라 걷다 보면 페트라의 진면목을 제대로 느낄 수 있다. 영국 시인 존 버건이 왜 페트라를 '붉은 장미의 도시'로 묘사했는지 이곳에서 비로소 알 수 있다. 자연의 위대함과 인간의 창조적 예술품을 동시에 즐길 수 있다는 것만으로도 산을 오르는 노고에 대한 보상은 충분히 될 것이다.

해질 무렵에 멀리서 감상하는 페트라의 모습은 페트라가 방문자에게 선물하는 또 하나의 배려인 것 같다.

페트라의 곳곳에서 만날 수 있는 베드윈들의 삶의 모습도 인상적이다. 도무지 바쁜 모습을 찾아 볼 수 없는 사람들이다. 관광객을 호객하거나 그늘에서 낮잠을 즐기고 있는 그들의 행색은 남루하지만, 표정은 남루하지 않다. 나바트 유물이라며 오래된 동전을 사라고 호

<기념품을 파는 소녀의 모습>

객하는 어린 소녀의 표정은 수줍고 눈망울은 맑기만 하다.

지구에서 가장 빠른 발걸음을 자랑(?)하고 늘 '바쁘다'를 외치고 다니는 우리의 사는 모습이 '과연 저들보다 행복할까?'하는 의문이 문득 든다. 질문의 답에는 자신이 없다. 어쩌면 우리는 작은 물질적 부에 도취되어 삶의 진정한 행복과 의미를 상실하고 있지는 않나? 어쩌면 이런 메마른 삶을 당연한 것으로 여기고 있지 않나? 하는 생각을 하며 걷다 보니 페트라의 출입문을 지나 21세기로 돌아와 있다.

<페트라의 광장에는 로마 점령의 표식인 원형극장과 열주 거리가 있다. 원형극장은 2,500~3,000명을 수용할 수 있는 규모이다.

6. 지중해의 박물관, 알렉산드리아

이집트는 나일강을 중심으로 형성된 국가다. 인근의 다른 아랍 국가처럼 이집트도 전체 국토의 약 95%가 사막이지만 국토를 남에서 북으로 가로 지르고 있는 나일강 주변은 비옥한 농토다. 때문에 이집트 전체 인구의 약 99%가 전체 국토의 5%(나일강 주변)에 몰려 사는 기형적인 인구 분포를 보이고 있다. 항공에서 이집트를 보면 나일강을 따라 도시와 촌락이 형성되어 있고 나머지는 사막인 것을 확인할 수 있다.

상이집트(이집트 남부지역)에서 하이집트(이집트 북부지역)로 흐르는 나일강의 잦은 범람으로 인해 하이집트의 나일강 주변 지역은 삼각형 형태의 비옥한 농토가 형성되었다. 고대 그리스의 철학자 헤로도토스가 '이집트는 나일강의 선물'이라고 표현한 것은 이집트의 이러한 특이한 지리적 환경을 표현한 것이다.

나일강의 선물이자 비옥한 농토의 꼭지점에 위치하고 있는 도시가 '지중해의 진주'라 불리는 알렉산드리아다. 카이로 북쪽 280km 지중해 연안에 위치한 이집트 제2의 도시 알렉산드리아로 기차를

<알렉산드리아 거리>

타고 가면 푸른 농경지가 계속되는 것을 보고 의아해 할 수도 있지
만 이는 수도 카이로와 알렉산드리아를 잇는 철도가 나일강 유역을
따라 놓여 있기 때문이다.

하이집트의 꼭지점이자 지중해의 항구도시 알렉산드리아는 농경
과 어업이 동시에 가능할 뿐만 아니라 유럽과 아시아와 아프리카를
연결해 주는 문명 교류의 교차점에 위치하고 있는 도시다. 알렉산드
리아가 이집트뿐만 아니라 지중해 전역에서 가장 풍요로운 도시가
된 이유 중의 하나다.

이 도시는 이집트의 대표적인 항구도시이자 산업 도시로서 이집
트와 유럽을 연결해 주는 통로 역할을 해 주고 있다. 이 도시의 이름
은 알려진 것처럼 BC4세기 마케도니아의 알렉산드로스대왕이 동방
원정을 시작하며 점령한 도시에 자신의 이름을 도시 이름으로 명명
한 것에서 유래되었다. 이 도시를 점령한 알렉산드로스는 건축가 디
노크레테스에게 이 도시를 리모델링 할 것을 명령했다. 그에 의해

이 도시의 기틀이 마련되었고 현재까지 유지되고 있다.

　알렉산드리아는 지중해 역사에서 매우 중요한 의미를 갖고 있는 도시다. 지중해를 지배한 거의 모든 나라들이 예외없이 알렉산드리아를 점령했다. 물론, 동지중해의 중심지이자 아시아와 아프리카 대륙의 길목에 위치해 있다는 지리적 특징도 있지만, 알렉산드리아를 기점으로 하는 나일강 삼각지의 비옥한 토지와 여기서 생산되는 밀은 고대 제국의 황제들이 관심을 가질 수 밖에 없었다. 알렉산드리아에는 지중해 지역 국가들의 주식인 밀의 주 생산지이며, 로마가 이 지역을 점령했을 당시에는 로마 전체 밀 소비량의 30%을 알렉산드리아의 밀로 충당했다는 기록도 있다. 교통과 비옥한 토지를 갖고 있는 땅에 사람이 모이고, 문화가 발달하는 것은 당연한 이치다.

<알렉산드리아 몬타자 궁전>

알렉산드리아에는 세계 7대 불가사의 중의 하나였던 파로스 등대가 있었고 고대 세계에서 가장 큰 도서관인 알렉산드리아 도서관이 있었다. 파로스 등대는 알렉산드로스대왕과 함께 동방원정을 수행한 그의 장군 프톨레마이오스가 건국한 프톨레마이오스 왕조(BC305∼BC30)때 건축되었지만, 14세기때 발생한 지진으로 파괴되었다. 문헌의 기록에 의하면 약 50km거리에서도 이 등대를 보고 항해할 수 있었다고 하니 당시의 건축 기술력을 엿볼 수 있다. 하기야 고대 파라오 시대에 이미 스핑크스와 피라미드를 건축한 이집트인들이니 등대를 세우는 것은 그리 힘들지 않았을 것 같기도 하다.

알렉산드리아 도서관은 프톨레마이오스 왕조의 후원으로 발전했으며, BC3세기 건립된 이후 로마가 이집트를 점령한 BC30년까지 지중해 지역 지식과 학문의 중심지였다. 강의와 연구를 위해 당시 전 지중해 지역의 학자들이 이곳으로 몰려 들었다.

주로 파피루스로 보관되었던 이 도서관의 장서 수는 현재 파악할 수 없지만(약50만권으로 추정), 당시 지중해의 특정 국가가 보관한 장서보다 훨씬 많은 장서를 보관하고 있었던 것은 사실인 것 같다.

역사적인 부침에 따라 파괴와 재건이 반복되던 알렉산드리아 도서관은 2002년에 유네스코의 지원을 받아 옛 도서관 자리에 최첨단 시설을 갖춘 현대식 도서관으로 다시 태어났다. 이 도서관은 일반적인 도서관의 기능뿐만 아니라, 고대와 중세의 유물을 보관하고 있는 박물관과 희귀 필사본을 소장하고 있는 고문헌 자료실이 있고 고대 알렉산드리아의 모습을 복원하고 있는 지중해연구소가 있다.

<알렉산드리아 도서관 외벽>

이 도서관은 전 세계 문자들을 새긴 외벽으로도 유명하다. 한글이 있나 찾아 보았더니 외벽의 한 켠에 당당히 자리 잡고 있다. 낯선 도시의 상징 건물에 당당히 새겨져 있는 우리 글을 보니 감회가 새롭다.

알렉산드리아는 14.4km에 달하는 해변도로를 따라 도시가 형성되어 있다. 현재의 이집트는 이슬람 국가지만 과거에 그리스, 헬레니즘, 로마, 비잔틴, 오스만 터키의 지배를 겪었기 때문에 지중해의 거의 모든 문명의 흔적과 유적을 발견할 수 있다. '지중해의 박물관'이라 해도 과언이 아닐 것이다. 특히, 알렉산드리아는 유럽과 이집트를 연결해 주는 관문으로서 고대 지중해의 가장 발달한 도시로서의 명성이 도시 구석구석에서 배어 나오고 있었다.

거의 원래의 모습 그대로 보존되어 있는 로마 원형 극장, 그리스의 기둥과 파라오의 스핑크스가 나란히 서 있는 폼페이의 기둥, 파로스 등대의 전설을 간직한 채 지중해를 한눈에 내려다보고 있는 카이로 베이, 로마의 안토니우스와 클레오파트라의 로맨스를 담고 있

<알렉산드리아의 생선 식당>

는 몬타자 궁전은 지금은 이집트 대통령의 여름 집무실로 사용되기
도 하다.

　여행에 먹거리가 빠질 수 없다. 솔직히 말하면 이집트 음식에 그
다지 매력을 느끼지는 않지만, 알렉산드리아의 생선 요리는 적극 추
천할 만하다. 해변가에 유명 레스토랑들이 영업 중이고 대부분의 레
스토랑이 생선 요리를 제공하고 있다. 그중에서 생선, 오징어와 새
우를 튀긴 튀김 요리는 압권이다. 한국에서 먹는 오징어 튀김이나
새우 튀김보다 양과 맛, 가격에서 압도적이다. 알렉산드리아를 방문
하면 꼭 시식해 보기를 권한다.

　알렉산드리아를 포함한 이집트에는 특이한 요리가 있다. 비둘기
요리다. 한국에서 비둘기는 평화의 상징으로 간주되어 식용으로 사
용할 생각을 하지 않지만 이집트에서는 가장 사랑받는 요리중의 한
가지다. 필자와 동행한 이집트 친구는 비둘기가 정력에 좋다고 알려
져 결혼식 날 신랑이 먹는 요리중의 한 가지가 비둘기 요리라고 귀

뜸해 준다. 수요가 있으면 공급이 따르기 마련, 이집트에서는 건물 옥상 등에서 비둘기를 대량 사육하는 것을 쉽게 볼 수 있다. 마치 우리가 닭을 키우는 것처럼. 식도락을 즐기는 사람이라면 한번쯤 도전해 볼 만하다.

필자가 알렉산드리아를 방문했을 때 이집트에서는 보기 드물게 비가 내렸다. 제법 많은 비였다. 비내리는 알렉산드리아는 낯선 광경이라 거리를 내다 보니 대부분의 사람들이 우산도 없이 비를 맞고 다닌다. 1년에 한 두번 오는 비를 위해 우산을 준비하지 않은 사람들이 많은 것 같다. 비가 내린 잠시 후부터 도로에 물이 고이기 시작했다. 하수도 시설이 잘 되어 있지 않은 것 같다. 1년에 한 두차례 오는 비에 대한 대비를 하기에는 나라 살림이 넉넉하지 않은 것 같다.

지금의 이집트는 정치적, 경제적 어려움을 겪고 있지만, 알렉산드리아에서는 이집트의 과거의 영광과 다양한 문명들이 공존 공영한 증거들을 쉽게 찾아 볼 수 있었다. 알렉산드리아 도서관의 지중해연구소가 추진하고 있는 알렉산드리아 복원 사업이 도시 외관의 복원 뿐만 아니라, 화려했던 이 도시의 영광도 함께 복원했으면 좋겠다는 바람이다.

7. 여행자의 마지막 로망, 카이로

이집트의 수도 카이로는 아랍 세계의 도시 중 역사·문화·정치·경제적인 측면에서 특별한 위치를 차지하고 있는 도시다. 위대한 파라오 문명의 발상지이고 람세스의 영광을 간직한 도시다. 인류 역사상 가장 오래된 도시의 풍모를 고스란히 간직하고 있고, 세계에서 2번째로 오래된 대학인 아즈하르대학이 카이로에 있다. 대부분의 아랍 영화가 이집트에서 제작되어 아랍 세계로 수출되고 있고, 거의 모든 아랍 세계에 인력 수출을 하고 있는 나라이며, 아랍 세계에서 유일하게 지하철이 운행되고 있는 도시이기도 하다.

아랍 세계에서 가장 큰 도시중의 하나로서, 700만에 이르는 많은 인구를 갖고 있는 이집트뿐만 아니라 전 세계적으로 가장 유명한 관광 도시가 카이로임에도 불구하고, 이 도시는 여행 전문가들이 여행하기 가장 힘든 도시중의 하나로 지목하는 곳이기도 하다.

<카이로와 나일강>

그 이유는 카이로에 도착하자 마자 알게 된다. 카이로 공항을 빠져나오자 마자 수 많은 택시 호객꾼들에게 둘러 싸인다. 어떤 이는 여행 가방을 뺏을 듯이 덤벼 들기도 한다. 가방이 많은 여행객에게는 가방을 덜어 주는 친절도 아끼지 않지만 당연히 공짜는 아니다. 택시에 가방을 실어주고 '박쉬시'라고 하며 팁을 요구한다. 가방을 덜어 달라고 요구하지도 않았는데...

택시 기사와의 요금 흥정은 일상의 일이다. 똑 같은 거리인데도 택시 기사마다 요구하는 액수가 천차만별이다. '같은 나라가 맞나?' 하는 생각이 들 정도다.

목적지가 고급 호텔인 경우는 터무니 없는 요금을 요구하기도 한다. 이유는 고급 호텔을 이용할 정도면 넉넉한 형편이니 택시비를 많이 지불해도 괜찮지 않느냐는 것이다. 자의적으로 부를 재분배하는 특이한 계산법이다.

공원이나 관광지를 가서도 끊임없이 박쉬시를 요구하는 사람들을 보게 된다. 처음 이집트를 방문했을 때 피라미드 내부를 돌아 볼 기회가 있었다. 돌아보고 나오는 길에 정복을 입은 피라미드 관리인을 만났는데 '잘 보았느냐?'고 묻길래 '그렇다'고 답했더니 느닷없이 박쉬시를 요구했다. '왜?'라고 물었더니 '잘 보았다고 하지 않았느냐'고 오히려 되물어서 요즘 말로 '헐~~'했던 기억이 있다.

카이로 거리는 아랍 도시 특유의 활기와 자동차 경적의 소란스러움과 매연으로 가득 차 있다. 어느 작가의 말대로 벤츠와 당나귀가 나란히 지나가고 그 사이를 사람들이 헤집고 다닌다. 이방인의 눈에는 위험천만한 상황이라 금방이라도 사고가 날 것만 같은데 나름의 질서와 요

<타흐리르 광장과 국립 박물관>

령이 있는 듯 적절한 조화를 이루고 있는 것이 마냥 신기하기만 하다.

문제가 발생했을 때 이들 나름의 해결방식도 독특하다. 필자가 탄 택시가 다른 차와 접촉사고가 났다. 어디서나 처럼 두 기사간에 시 시비비를 따지는 언쟁이 붙었다. 그 순간 특이한 상황이 나타났다. 어디선가 수많은 사람들이 갑자기 나타나 사고 당사자인 두 기사를 에워쌌고 사고 경위와 과정을 청취했다. 상황을 파악하고 난 후에 주변의 군중들이 잘잘못을 가려 주었고 사고 당사자는 여기에 수긍 했다. 일종의 인민재판이라고나 할까? 경찰이 개입할 틈도없이 자체 적으로 합의가 되었고 두사람이 악수하는 것으로 상황은 종료되었 다. 이방인의 눈에는 이해가 되지 않는 상황이었다.

택시로 돌아온 기사에게 '잘 해결된거냐?'고 물었더니 '잘 되었다' 고 한다. 이들 나름의 삶의 방식인 것 같다. 어찌보면 우리의 방식보 다 훨씬 사람 냄새가 나는 방식인 것 같기도 하다.

카이로 시내를 걷다 보면 수 많은 호객꾼들의 유혹에 접하기도 한 다. 갑자기 불쑥 나타난 'Welcome Cairo'를 외치고 카이로에 온 것 을 환영하는 뜻으로 차를 대접하고 싶다는 사람들을 만나기도 한다. 경계심을 나타내면 화려한 언사와 친절한 얼굴로 경계심을 풀어 주 고 본인의 가게로 인도한다. 필자가 만난 어떤 사람은 오늘 자기 딸 이 약혼식을 했고 너무 기분이 좋아 손님들을 대접하고 있다고 했 다. 물론 거짓말이었지만...

가게로 데려가 차와 과자를 대접하고 환심을 사고서는 수제 향수, 파피루스와 이집트 토산품을 보여 주며 당신만을 위한 'special price' 라고 유혹한다. 이미 차와 과자 대접(?)을 받은 뒤라 그냥 나오기에 는 미안한 마음에 한 가지라도 사게 된다. 두고 두고 후회할 일이니 조심해야 한다.

카이로에서는 인간 삶의 극단적인 모습도 동시에 볼 수 있다. 이집트 상류층 자제들이 다니는 한 사립대학의 여학생들은 현재 전 세계에서 판매되는 모든 종류의 구두와 속옷을 갖고 있지만, 대학 담벼락 너머에는 하루 1달러로 생계를 꾸려가는 이집트인들이 수두룩하다는 말을 듣게 된다. 오랜 독재가 낳은 부의 불균형과 부조리를 단적으로 보여 준다. 상상을 초월하는 바가지 요금은 어쩌면 이러한 불합리에 대한 서민들의 나름의 저항이 아닌가 하는 생각도 들었다. 물론 동의하지는 않지만...

이런 불편함에도 불구하고 카이로는 꼭 한번 가볼만한 도시다.

카이로 타흐리르광장에 있는 이집트 국립 박물관에는 유물이 넘쳐 나고 있고, 이 박물관의 창고에는 다른 나라에서 국보급 유물로 대우(?)를 받을 문화재들이 전시 공간 부족으로 먼지를 뒤집어 쓴 채 쌓여 있다.

카이로도 다른 아랍 도시들처럼 구시가지와 신시가지로 구분되어 있다. 시내의 중심에 위치하고 있는 구시가지에는 콥트교회(단성론을 믿는 이집트의 기독교 종파)의 유적과 박물관, 수녀원, 유대교 예배당 등이 있다. 이슬람의 심장부에 교회가 버티고 있는 것이 흥미롭다.

이 건물들 인근에는 640년 이집트를 점령한 이슬람군의 장군 아므르 이븐 알아스를 기념한 이슬람 사원이 있다. 이집트의 고대사를 한눈에 볼 수 있는 지역이다.

카이로는 밤의 도시라는 별명이 있다. 회색빛으로 가득한 카이로는 밤이면 거대한 불야성을 이루며 다시 태어난다. 나일강주변의 고

<카이로 구시가지의 성당>

급 호텔과 나일강 유람선의 화려한 조명은 보는 이를 황홀경에 빠지게 한다. 선선한 강바람을 맞으며 나일강변에서 즐기는 차 한잔의 여유는 낮 동안에 쌓인 피로를 풀어 주고도 남음이 있다.

카이로의 남쪽에 위치하고 있는 마디 지역은 대표적인 신시가지로서 고급 쇼핑몰과 식당들이 밀집해 있는 지역이다. 치안이 비교적 양호한 지역이라 대부분의 한국인들이 이 지역에 거주하고 있고 한국 식당도 이 지역에 몰려 있다.

한국 식당이 30여개에 이르고 한국인이 운영하는 여행사와 여행 가이드도 많다. 교포들이 많다 보니 간장, 참기름, 떡국 등의 한국 음식도 자체 생산해 판매하고 있다. 외국이라는 느낌이 들지 않는다. 그래서 여행에 지친 사람들이 잠시 몸과 마음을 추스리기에 좋은 도시가 카이로이기도 하다. 물론 어느 정도의 성가심은 감수해야 겠지만...

2012년 부터 시작된 아랍세계의 정치적 격변으로 이집트도 몸살을 앓고 있다. 카이로의 중심인 타흐리르광장에는 연일 데모를 하고 있고 언제 끝날지 알 수 없는 상황이다.

오랜 독재를 종식시켰지만, 대안을 만들지 못한 댓가를 치루고 있는 중이다. 최근에는 이집트 지식인들의 엑소도스 소식도 자주 듣게 된다.

'나일강 물을 한번 마신 사람은 반드시 다시 돌아온다'는 말을 이집트 친구에게서 자주 듣곤 한다. 이집트가 안정되고 나일강 물을 마음 편하게 다시 마시게 될 날이 빨리 왔으면 하는 바람이다.

<이집트의 지성 아즈하르대학교>

8. 인류 문명의 보물 창고, 룩소르와 아스완

이집트하면 쉽게 떠오르는 도시가 카이로이지만 이집트에서 가장 많은 유적과 역사적인 흔적을 갖고 있는 도시는 이집트 남부의 룩소르다. '테베'라는 이름으로도 불렸던 룩소르는 이집트 파라오 왕조 중 가장 번영을 누렸던 중왕국(BC2040~1782)의 수도였고, 람세스의 영광을 고스란히 간직하고 있는 도시이기도 하다. 호머의『일리아드』에도 룩소르의 화려함과 웅장함이 언급될 정도로 이 도시는 고대 지중해 세계의 대표적 도시중의 하나다.

룩소르의 웅장함은 도시 이름에서도 알 수 있다. '룩소르'란 단어는 아랍어의 '성(城)'을 뜻하는 '까스르'란 단어의 복수형으로서 많은 성으로 이루어진 도시임을 암시한다.

카이로 기자 지역의 이집트의 대표적인 건축물인 피라미드는 구조물 그 자체가 세계의 불가사의에 들어갈 만큼 대단한 인류의 유산이지만, 이 건축물의 축성에 사용된 돌은 피라미드 1기당 평균 6,000만 톤에 달하며 이 돌은 대부분 룩소르에서 운반된 것이다. 기자의 피라미드 중 쿠푸의 피라미드 축성에 사용된 돌의 평균 무게는 2.5톤에 달한다. 변변한 교통과 운송 수단이 없었던 BC15세기에 이 크고 무거운 돌들을 어떻게 옮겼을까? 이 역시 불가사의한 일이다. 나일강 수로를 이용했다지만 엄청남 역사임은 분명하다.

카이로 기자역에서 야간 기차를 타고 룩소르에서 도착했다. 카이로에서 10시간 남짓 걸려 새벽 5시경에 룩소르에 도착했지만 벌써 해가 떠있다. 기차 안은 냉방이 되어 몰랐는데 기차에서 내리는 순간 혹하고 몰려드는 더위에 여기가 적도에서 그리 멀지 않은 지역이라는 것을 실감나게 한다.

필자가 룩소르를 방문했던 8월은 1년 중에 가장 더운 시기다. 낮 시간은 물론 밤에도 땅의 열기가 식지 않아 더위는 계속된다. 새벽 2~3시가 되어야 지열이 식었는지 대지가 평온을 되찾았지만 새벽 5시경 해가 뜨자 마자 금세 후끈 달아 올랐다. 이런 곳에서 어떻게 살 수 있는지? 인간의 생명력과 적응력이 놀랍기만 하다.

룩소르는 고대 이집트인들의 세계관을 엿볼 수 있는 도시 구조를 갖추고 있다. 고대 이집트인들은 동쪽은 인간의 영역이고, 서쪽은 신의 영역이라고 믿었다. 태양이 서쪽으로 지고 나면 밤이 찾아오는 것에 착안해 서쪽은 신의 영역 즉, 사후 세계로 믿은 것 같다.

이러한 세계관은 도시 구조에 그대로 반영되었다. 룩소르는 나일강을 중심으로 동쪽과 서쪽으로 구분되어 있다. 동쪽은 사람들의 공간으로 간주되어 신전을 비롯한 인간 생활에 필요한 각종 건축물이 들어서 있고, 서쪽은 신의 지역으로 구분되어 파라오들의 무덤으로 구성되었다. 왕들의 계곡이 룩소르의 나일강 서안에 조성된 이유다. 룩소르의 대표적인 건축물인 카르낙신전은 신과 파라오가 지배했던 당시의 진면목을 그대로 보여 주고 있다. 중왕국시대의 신인 아몬신에게 바쳐진 카르낙 신전은 현존하는 이집트 최대의 신전이자 인류 최대의 고고학 유적지이자 노천 박물관이다.

신은 파라오를 필요로 했고, 파라오 역시 신이 필요했다. 이런 양자의 필요성은 거대한 신전으로 나타났다. 하늘로 치솟은 신전의 기둥으로 이루어진 열주거리는 보는 이들을 압도하게 한다. 이 기둥들은 높이가 15~23미터에 달한다. 크레인도 없던 시대에 저런 구조물이 어떻게 가능했을까? 하는 생각이 들었다. 열주거리를 걷다 보니 이 거리가 왠지 낯이 익다.

<카르낙사원의 열주거리>

기억을 더듬다 보니 지중해 전 지역에서 발견되는 로마인들이 점령지에 건설한 열주거리와 이 신전의 열주 거리가 너무나 흡사했다. 연대기상으로 로마인들의 열주거리보다 파라오제국의 열주거리가 훨씬 앞선 것을 생각하면 로마가 파라오 제국의 열주거리를 본 뜬 것이 아닌가? 하는 생각이 든다. 런던의 대영박물관에서 고대 로마인들의 여성 머리 장식이 이집트인들의 그것을 흉내낸 것을 입증하는 전시물을 본 적이 있다. 그리스-로마의 학문과 예술이 파라오 문명의 영향을 받았음을 여러 증거를 통해 확인했다. 지중해 문명 교류의 한 증거로서 이 열주거리 역시 충분히 연구해 볼 만하다.

카르낙신전의 또 다른 대표 건축물인 오벨리스크 역시 신전의 위용을 보여 주고 있다. 오벨리스크는 고대 파라오의 업적을 찬양한 내용을 고대 이집트 문자로 기록한 높이가 30m에 달하는 석조물이다. 현재 워싱턴, 파리, 바티칸 등의 광장에 서 있는 오벨리스크는 제국주의 시대에 열강들이 이집트에서 강제로 가져간 것이다. 강제로 취득한 타국의 문화재를 반환하지 않고 강점하고 있는 것이다. 파라오의 업적을 찬양한 글들로 만들어진 오벨리스크가 전 세계 주요 광장의 이정표로 서있는 것을 보노라면 한 세기를 호령했던 파라오들이 타국에 볼모로 잡혀가 있는 것 같아 안타깝다.

밤이 되면 카르낙신전에서는 파라오의 일대기를 스토리텔링으로 재현한 레이저쇼가 진행된다. 오랫동안 기억에 남을 장관이다.

룩소르 동안에서 10분 남짓 나일강을 가로질러 가니 신들의 영역인 나일강 서안이다. 이승과 저승이 멀지않다. 룩소르 서안 계곡은 파라오와 파라오 왕비들의 무덤이 조성된 지역이다. 나일강을 가로지르는 배에서 내리면 왕들의 계곡으로 안내해 줄 미니 밴들이 대기하고 있다. 여기서 이집트인들의 민낯을 또 볼 수 있다. 여행객을 서로 차지하려 밴 기사들간에 가격파괴 경쟁이 일어난다. 계곡을 둘러보는 2시간 남짓한 비용 자체가 많지 않은데 거기서 가격 파괴가 일어나니 이 가격에 가능할까? 하는 의구심이 생긴다. 결국 밴 기사 중 한 사람에게 낙찰(?) 되었다가 출발하려는 순간 다른 밴기사가 차문을 잡으며 마지막 배팅을 한다. 더 낮은 가격이다. 민망한 가격에 난감한 일이다. 최근에는 입구 매표소에서 개별 파라오 무덤까지 셔틀버스를 운영하고 있지만 짜인 코스를 돌아 볼 뿐이다. 권하고 싶지는 않다.

<핫셉수트 장제전>

왕들의 계곡에서는 내부 사진촬영이 금지되어 있다. 카메라의 플러시 불빛이 동굴 벽면에 그려져 있는 고대 벽화를 훼손할 수 있기 때문에 벽화를 보호하기 위해서다. 당시의 생활상을 엿볼 수 있는 소중한 자료다. 눈으로만 보기 아쉬워 카메라를 만지작거리고 있으니 무덤 관리인이 다가와 웃으며 사진 찍어도 좋다고 한다. 물론 손가락으로 박쉬시를 요구하면서. 참 재미있는 사람들이다.

이곳에 있는 파라오무덤들은 거의 다 도굴되었고 소년 파라오 투탄카멘의 무덤만이 원형대로 보존되었다. 동행한 지인에게 투탄카멘의 무덤이 보존된 이유를 물었더니 위대한 파라오의 무덤들이 지천에 늘려 있으니 요절한 소년 파라오의 무덤에까지 도굴범들이 관심을 갖지 않은 것 같다는 대답이다. 투탄카멘의 무덤에서 발굴된 황금마스크 등의 유물들이 세계적인 1급 문화유산이란 점을 감안하면 람세스2세와 같은 위대한 파라오 무덤의 부장품은 상상이 되질 않는다.

룩소르에서 230km떨어진 남쪽에 아스완이 있다. 룩소르에서 아스완까지 기차가 운행하기도 하지만, 룩소르에서는 새벽에 밴으로 이동하는 것이 일반적이다. 흔들리는 밴에서 약 3시간을 가다 보면 푸른 나세르호수와 아부 심벨 신전이 눈앞에 펼쳐진다.

아부 심벨은 가장 위대한 파라오 중 한 명인 람세스2세를 기념한 거대한 신전으로서 세계문화유산에 등재되어 있다. 이 구조물은 한때 사라질 뻔한 위기를 겪기도 했다. 나일강의 치수를 위해 이집트 정부가 아스완댐을 건설하자 인접해 있는 나세르 호수의 수위가 높아졌고 그 여파로 이 신전이 수몰될 위기에 처했다. 이 위기를 해결한 것은 유네스코였다.

<아부심벨>

이 거대한 신전을 구하기 위해 신전을 수면 위로 올리는 작업이
시작되었다. 이 구조물을 가로로 절단하여 수면으로 올려 재조립한
것이다, 수 많은 사람들의 노력의 결과로 원형이 그대로 보존된 채
지금의 위치로 이동하여 다시 자리 잡았다. 다행스러운 일이다. 특
히 이 신전을 옮기는 비용을 마련하기 위해 유네스코가 중심이 되어
국제적인 모금 운동(1970년)을 벌였는데 당시 한국 정부도 어려운
나라 살림에도 불구하고 일정액을 기부했다. 다시 한번 신전에 눈이
가는 이유다.

룩소르와 아스완은 관광지이기도 하지만, 인류 역사의 중요한 보
고다. 인류가 부족 시대를 벗어나 최초로 고대 국가를 형성하고 신

을 숭배하며 언어를 사용하기 시작한 시대의 증거들을 고스란히 보존하고 있는 곳이 룩소르와 아스완이다.

소중하게 보존되어야 할 귀중한 인류문화 유산들이 제대로 관리되지 않아 길거리에 방치되어 있기도 하고, 그나마 박물관에 보존된 것도 창고형 할인매장의 물건처럼 쌓여 있는 것을 보니 안타깝기만 하다.

<나일강의 일몰>

9. 아랍 속의 유럽, 투니스

튀니지는 지중해연안 북아프리카의 중간에 위치한 작은 나라다. 지중해를 동과 서로 나눌 때 기준이 되는 지역이기도 하다. 튀니지는 중세 시대에 지중해를 가로지르던 무역선들이 물과 식량을 공급받는 중간 기착지였고 고대 이후로 지중해 연안의 푸른 옥토는 많은 지중해의 군주들을 유혹했다. 때문에 튀니지는 페니키아인의 카르타고, 로마, 비잔틴, 아랍, 오스만 투르크와 프랑스의 오랜 지배를 경험할 수 밖에 없었다.

튀니지는 비록 작은 나라이지만 국가에 대한 자부심은 큰 나라다. 세계 최대의 제국이었던 로마를 공포에 떨게 했던 카르타고 제국 한니발장군의 후예들이 지금의 튀니지인들이다. 아랍 이슬람시대 최대의 사상가이자 역사가인 이븐 칼둔이 튀니지 출신이며, 수도 투니스의 중심가에는 이븐 칼둔의 동상이 서 있다. 마치 광화문에 세종대왕이 계신 것처럼.

<이븐 칼둔 동상>

하늘에서 튀니지를 보면 지중해연안 올리브 농장의 푸른색과 투니스를 감싸고 있는 밀 생산지를 알리는 노란색, 남부의 사막을 가리키는 황갈색으로 튀니지가 구분되어 있는 것을 볼 수 있다. 국토를 구분하는 색깔은 이곳에 사는 사람들의 삶의 모습을 반영하고 있는 것 같다는 생각을 하며 튀니지 공항에 도착했다.

튀니지의 출입문인 튀니지 공항은 한국의 작은 지방 공항 같아 친근한 느낌이다. 택시 호객꾼들도 다른 아랍 국가처럼 호들갑스럽지는 않다. 작은 나라라 그런지 편안한 느낌을 주는 도시다.

튀니지는 아랍 연맹의 회원국인 아랍 국가이지만 프랑코포니의 회원국이기도 하다. 이런 복합적인 국가 정체성은 튀니지를 처음 방문하는 이방인을 다소간 혼란에 빠지게 한다. 도로 표지판과 입간판이 거의 다 아랍어와 프랑스어로 되어 있고 현지인들이 이방인에게 건네는 인사말은 대부분 '봉쥬르(Bon jour)'다. 여기가 아랍어권인가? 프랑스어권인가? 베이루트에서 느낀 혼돈이 다시 재현된다.

필자를 마중나온 현지인의 첫 인사 역시 '봉쥬르'였다. 현지인의 첫 인사말을 아랍어로 기대했던 필자로서는 다소 실망이었다. 마중나온 현지인에게 아랍어로 인사를 다시 건넸더니 바로 아랍어로 화답하며 미소를 짓는다. '그 정도는...' 하는 표정이었다. 어느 나라에서든 여행객들이 현지어를 한 두마디 배워 오는 것은 낯선 것이 아니니까 그리 놀라운 일은 아닐 것이다.

하지만 이어지는 대화를 아랍어로 계속하자 그제서야 현지인의 얼굴 표정이 바뀌었다. 많이 놀란 모양이다. 질문은 예상대로 '아랍어를 어떻게 아느냐?' 하는 것이었다. 아랍 지역을 여행하며 많은 현지인들에게 받은 공통된 질문이지만 이 튀니지인만큼 격한 반응은

처음이었다. 궁금증 수준이 아닌 신기해 하는 표정이었다. 튀니지에
서 서양인들이 아랍어를 하는 것은 많이 보았지만 동양인이 아랍어
를 하는 것은 처음 보았다고 한다.

<튀니스 거리>

'당신은 아랍인이면서 왜 프랑스어를 쓰느냐?'고 물었더니 필자가
아랍어를 할 수 있을 것이라고는 상상을 못했다고 한다. 그래서 그
가 할 수 있는 유일한 외국어인 프랑스어를 했다는 것이다. 그 이후
우리의 대화는 아랍어로 계속되었고 그가 지인을 만나면 '아랍어를
하는 한국인'이라고 소개했다. 희귀한 동물(?)이 되어 버렸다. 이 사
람은 필자가 튀니지에 머무는 동안 휴가를 냈고 필자가 튀니지를 떠
날 때까지 친절한 가이드 역을 자원해서 해 주었다. 아랍어 공부하

기를 잘했다는 생각이 불현듯 다시 들었다^^ 최근에는 튀니지에서 아랍어를 공부하는 한국 학생들이 많아져 필자가 누린 호사는 기대하기 어렵지 않을까하는 생각에 후배들에게 미안한 마음마저 든다.

투니스 역시 다른 아랍 도시들처럼 구시가와 신시가로 구분되어 있다. 신시가는 식민지 시대 프랑스인들이 주로 거주하던 곳으로서 서구식 건물이 들어 서 있다. 투니스의 민낯을 보려면 역시 구시가가 제격이다. 재래시장을 중심으로 형성된 구시가는 다른 아랍 도시에서 볼 수 있는 혼잡함으로 가득하다. 투니스가 직물로 유명하다 보니 직물 공장과 상점이 유난히 눈에 많이 띤다는 것이 특징이라면 특징이다.

한 가지 재미있는 것은 튀니지 건축물의 구조다. 선을 강조하는 다른 아랍 지역의 건축물과 달리 튀니지의 건축물은 유난히 건물의 각이 강조되었다. 구시가의 대표적인 사원인 자이납사원의 첨탑도 반듯한 사각형 구조를 갖고 있고 투니스 시내의 현대적 도시 건축의 상징물도 역삼각형 구조를 갖고 있다. 동행한 현지인에게 물어 보니 어깨만 으쓱할 뿐이다. 숙제가 한 가지 늘었다.

튀니지의 대표적인 해변인 시디 부 사이드는 비취색으로 물든 지중해 바다와 바다 색깔을 본 뜬 건물의 대문과 창문 색깔이 조화를 이루며 여행객들의 정신을 혼미하게 만든다. 이토록 아름답고 평화로운 곳이 지구상에 또 있을까?

눈이 시리도록 푸른 바다에 유유히 떠다니는 요트를 보고 있노라면 이 나라가 하루의 생계 문제로 자기 몸을 분신하는 나라가 맞는가? 하는 생각이 들 정도다. 극단의 경제적 양극화가 이 아름다운 나라에도 먹구름을 덮고 있어 쓸쓸할 뿐이다.

<시디 부 사이드 해변>

아라비아반도를 제외하면 이슬람 최대의 사원이 튀니지에 있다. 튀니지에서 이 사원을 놓칠 수 없다. 이 사원은 투니스에서 남쪽으로 120km 떨어진 도시인 카이로완에 있는 카이로완사원다.

이 사원은 7세기 이슬람군이 북아프리카를 정복하며 아프리카에 세운 최초의 이슬람 사원이다. 이 사원은 메카의 하람사원, 다마스커스 우마위야사원, 예루살렘의 황금사원과 함께 이슬람의 4대 사원으로 간주된다.

자동차를 렌트해서 한참을 달려 카이로완사원에 도착했지만 입구에서 입장을 거절당했다. 무슬림이 아닌 사람은 사원에 출입할 수 없다고 했다. 무슬림들에게 사원의 의미를 알기 때문에 함부로 침범할 수 없어 사원의 주변만 맴돌았다. 관광지가 아닌 사원이기 때문에 억지를 부릴 수도 없었다.

<카이로완사원>

　이때 필자와 동행한 친절한 현지인 가이드가 이 상황을 해결해 주었다. '걱정말라'는 말과 함께 필자의 손을 끌고 사원 안으로 무작정 들어갔고 사원 관리인에게 필자를 소개해 주었다. '아랍어를 하는 한국인'이라고... 요즘 유행하는 말로 그것으로 '끝'이었다. 효과는 바로 나타났다. 사원 관리인이 사원의 구석구석을 보여 주며 안내를 해 주었다. '아랍어가 무엇이라고...?' 알라께 감사드렸다.

　카이로완사원은 유럽과 이슬람의 건축 양식을 모두 포함하고 있는 혼종 양식으로 건축되었다. 사원의 내부만 보면 마치 스페인 코르도바의 이슬람사원인 메쓰키타의 원형을 보는 듯 했다. 이슬람사원은 예배를 드리는 종교적 기능만 수행하는 것이 아니라 학교, 병원의 기능을 수행하고 심지어 마을 회관의 기능도 수행하는 곳이다.

이러한 종합적인 기능을 수행하는 사원의 원형을 확인할 수 있었던 것은 아랍 지역을 전공하는 학자로서 큰 행운이다.

튀니지는 이슬람 국가임에도 불구하고 서구화가 상당히 진행된 나라다. 한국에서도 상상할 수 없는 자유분방한 해변이 있는 나라다. 일반인들이 상상하는 이슬람 국가의 이미지를 여지없이 깨어 버리는 나라가 튀니지다.

이런 곳을 지나칠 수 없다. 튀니지 동남쪽 지중해변에 있는 수시를 찾았다. 유럽에서나 볼 수 있는 해변의 모습이 펼쳐졌다 유럽 해변의 자유로운 모습을 이곳 튀니지에서 볼 수 있다는 것만으로도 필자에게는 꽤 큰 충격이었다. 어떻게 해석해야 하나? 이슬람의 다양성인가? 세속화인가?

1,400여년을 이슬람 문화 속에서 살았지만, 40여년에 걸친 프랑스의 지배가 튀니지의 색깔을 완전히 바꾸어 놓았고 독립 후에도 그 영향에서 벗어나지 못한 것 같다. 독립 후에도 이루지 못한 경제 부흥의 실패가 부유한 유럽 나라들을 동경하게 만들었고, 결국 튀니지를 이도 저도 아닌 어정쩡한 나라로 만들어 좋은 것은 아닌가 하는 생각이 든다. 만약 우리 나라도 경제 부흥을 이루지 못했다면 이런 모습이 아닐까 하는 생각이 든다.

어떤 이가 튀니지를 포함한 북아프리카인을 "북아프리카인은 아프리카를 밟고 이슬람을 가슴에 안은 채 유럽을 쳐다보고 있다"라고 정의한 적이 있다. 그의 표현이 이곳 튀니지에서 실감나게 와 닿는 순간이다.

\<투니스 구시가와 자이납사원\>

10. 신사를 위해 신사에 의해 지어진 도시, 몰타

몰타는 한국에는 아직 잘 알려져 있지 않은 지중해의 작은 섬나라다.

이탈리아의 시칠리아 남쪽 지중해의 정중앙에 위치하고 있는 이 작은 섬나라는 지리적 위치로 인해 '지중해의 배꼽'으로 불리기도 한다. 이 나라는 국토의 대부분이 절벽으로 둘러싸인 천연의 바다 요새이고 절벽위에 도시가 세워진 성채 도시다.

몰타는 유럽인들에게는 대표적인 여름 휴양지이고, 몰타의 수도 발레타(Valleta)는 세계문화유산에 등재된 인류의 소중한 문화 유산이기도 하다.

영국의 시인이자 소설가인 월터 스콧(Walter Scott, 1771~1832)은 몰타를 방문한 후 이 도시를 '신사를 위해 신사에 의해 지어진 도시'(the city built by gentlemen for gentlemen)라고 이 도시의 품격을 칭찬하기도 했다.

<발레타>

몰타는 고층 건물로 가득한 현대적인 도시라기보다는 아름다운 자연 경관과 함께 고대의 신화를 담고서 유럽 중세의 풍취를 물씬 풍기는 중세풍의 도시다. 현대식 건물도 있지만, 16세기에 건축된 성곽이 도시를 에워싸고 있고, 그 당시에 건축된 주택과 거리에 여전히 사람들이 살고 있어 이 도시를 걷다 보면 중세 시대로 돌아간 듯한 착각에 빠지기도 한다.

몰타인들의 친절과 넉넉한 여유, 평화로움과 변화에 순응하며 사는 모습들은 정신의 치유에 목말라하는 현대인들에게 추천할만한 도시다.

우리에게 아직은 낯선 이 도서 국가에는 인류 문명의 발원지이자 다양한 문명의 복합체인 지중해에서도 가장 일찍 세워진 신전을 발견할 수 있다. 유럽 거석문화의 기원인 영국의 스톤헤지보다 앞선 기원전 4,000년경 건축된 것으로 추정되는 거석 신전들이 수도인 발레타뿐만 아니라, 인근 도시인 할사프리니(Hal Saflieni), 하자르임 (Hagar Qim) 등 몰타 전역에서 발견되고 있다.

이 신전들은 지금의 이탈리아 시칠리아 섬에서 건너온 사람들이 건축한 것으로 알려지고 있다. 이후 몰타를 지배한 외부 정복자가 신전을 파괴했고 전염병등의 창궐로 인해 이 신전은 지금은 일부 흔적만 남아 있지만 몰타에 지중해 역사상 가장 오래된 석조 신전이 세워진 것은 분명해 보인다.

지중해의 정중앙이라는 지리적 위치때문에 몰타는 잠시라도 온전한 그들만의 역사를 일구어낸 적이 거의 없었다. 지중해를 호령했던 페니키아, 그리이스, 로마, 비잔틴, 아랍-이슬람과 오스만 투르크제국은 지중해를 지배하기 위한 전략적 거점으로서 몰타를 차지했고 근대 이후에는 영국의 식민 지배를 받다 1964년에 독립했다.

영국의 식민 잔재는 독립 이후인 지금까지 남아 대부분의 몰타인들은 그들의 언어인 몰타어 이외에도 영어를 자유롭게 사용하고 있고, 자동차의 구조(핸들이 오른쪽에 위치)와 도로 체계도 영국 스타일을 유지하고 있다.

몰타는 빼어난 자연 환경과 지리적 위치로 인해 관광업, 수산업과 선박 수리업이 발달한 나라다. 작은 나라이지만 이 나라의 대표 대학인 몰타대학교(University of Malta)는 세계적인 명성을 갖고 있는 대학이다. 가톨릭이 국민들의 정신 세계를 지배하고 있으며 몰타의 대표적인 건축물은 거의 다 가톨릭 성당이다. 몰타의 수 많은 축제들은 대부분이 그들의 수호 성인을 기리기 위한 축제라는 것도 이 국가의 성격을 잘 보여 주고 있다.

<발레타 거리>

몰타는 이슬람의 지배를 받음으로 인해 기층문화에는 이슬람적 요소가 다분히 포함되어 있지만, 이를 자양분삼아 한층 세련된 고급의 가톨릭 문화를 일구어 낸 것이다.

몰타는 십자군 원정단의 후예인 몰타 기사단의 근거지로도 유명하다. 수차례에 걸친 십자군 원정을 통해 예루살렘을 점령한 십자군은 전쟁에 참전한 군인과 성지 순례자들의 보호와 치료를 위해 병원 기사단을 창립했고 이 병원 기사단은 십자군전쟁의 경과에 따라 예루살렘과 로도스섬을 거쳐 17세기에는 몰타섬으로 옮겨 왔다.

이 병원 기사단은 몰타에서 200여 년간 활동하며 몰타 기사단으로 불렸고 몰타의 실질적인 지배자로 군림하며 중세 이후 몰타의 국가 정체성에 결정적인 영향을 끼쳤다.

18세기 말 이집트를 점령하려 출정한 나폴레옹에게 진압당한 몰타 기사단은 뿔뿔이 흩어져 현재 영토는 없지만 그럼에도 불구하고 지금도 나름의 국가 체제를 갖추고 국가로서의 지위는 유지하고 있다. 지구상의 유일한 영토없는 국가인 셈이다. 영토는 있으나 국가로서 인정받지 못하는 팔레스타인과 쿠르드와 대비되는 상황이라 하겠다.

이러한 몰타 기사단의 영향은 현대 몰타에도 영향을 끼쳐 몰타 국기에 독특한 십자군의 형상을 남겨 놓았다. 몰타에 십자군 관련 유물과 유적지가 많은 이유이기도 하다.

몰타는 발레타, 고조, 코스미노의 3개의 섬으로 이루어진 군도다. 이중 발레타는 몰타의 수도로서 1565년 오스만 투르크의 공격에 저항해 몰타를 방어해 낸 몰타기사단의 단장인 장 발레타(Jean Parisot de Vallette)의 이름에서 유래했다. 당시 오스만 투르크는 3만명의 군

<기사 박물관>

대를 파견하여 몰타를 공격하였으나 700여명의 몰타 기사와 8,000여명의 몰타인들은 오스만 투루크의 공격을 방어했고 이를 지휘한 사람이 발레타였다. 발레타를 중심으로 한 몰타 기사단이 오스만 투르크가 주도한 이슬람세력에 대항하며 유럽 가톨릭의 방패 역할을 수행한 것이다. 따라서 역사적으로 발레타는 이슬람세력으로 부터 가톨릭 세계를 지켜낸 상징성을 갖고 있다 하겠다.

발레타는 16세기 유럽 중세 도시의 흔적을 잘 보존하고 있으며 짧은 시간에 중세 도시의 특징을 손쉽게 둘러 볼 수 있는 도시다.

발레타거리에는 시티 센터와 각종 쇼핑 타운과 버스 중앙 정류장, 성요한 대성당과 기사 박물관 등이 한 곳에 밀집해 있어 짧은 시간에 효과적으로 도시를 관광할 수 있다. 발레타의 어느 것에서 버스를 타든 대부분의 버스는 이곳 중앙 정류장을 기점으로 하여 운행되고 있어 이 중앙 정류장이 도시의 중심인 셈이다.

중앙 정류장과 연결된 거리로 들어서면 발레타의 각종 축제가 열리는 중심 도로이고 이 도로를 따라 각종 쇼핑몰과 식당 및 관광지가 모여 있다.

동행한 말타 친구는 한류가 확산되어 몰타인들도 한국 가요를 좋아하고, 최근 거리 축제때에는 '강남 스타일'에 맞추어 집단 말춤(?)을 추었다고 한다. 발레타가 한결 가깝게 느껴진다.

발레타의 대표적인 관광지는 역시 성요한 대성당이다. 몰타의 수호 성인인 성요한을 모시고 있는 바로크 양식의 이 성당은 '몰타의 보물'이라고 불린다.

<성요한대성당>

필자가 이 성당에 갔을 때 내부 수리중이라 입장이 불가했다. 낙
담한 채 발걸음을 옮기지 못하는 필자를 보고 있던 몰타인 친구는
몰타인 특유의 외교력(?)을 발휘하여 필자의 근심을 덜어 주었다.

성당 외부는 몰타 기사단을 상징하는 독특한 십자가 문양으로 비
교적 평범하게 장식되어 있지만, 성당 내부는 화려함과 섬세함의 극
치라 할만하다. 동행한 몰타인 친구의 '세계에서 가장 화려한 성당'
이라는 설명이 지나치지 않은 것 같다.

이 성당의 내부를 보지 못했다면 오랫동안 아쉬움으로 남았을 것
이다.

각종 성화로 장식된 성당의 내부는 유럽의 다른 국가의 성당에서
발견하기 힘들 정도로 화려하게 장식되어 있다. 성당 내부의 아치형
천정에는 성요한의 일생이 그려져 있고, 바닥에는 몰타 기사단의 대

리석 묘비가, 성당 지하에는 기사들의 시신 400여구가 안치되어 있다.

특히 이탈리아 화가 카라바조(Caravaggio,1571~1610))의 작품인 '세례 요한의 참수(The beheading of Saint John Baptist)'는 성요한 대성당의 대표적인 자랑거리이기도 하다.

성당 내부는 본 회당을 중심으로 좌우로 각각 8개의 소예배당으로 구성되어 있다 당시 몰타 기사단이 전부 8개국에서 왔기 때문에 그들의 언어에 따라 8개의 소예배당이 마련되었고 각각의 예배당에서 모시는 성인도 다르다. 결국 중세 지중해의 모든 유럽 국가의 수호 성인과 그들의 신앙이 이 성당에 모여 있다는 의미다.

성요한 대성당 뒤에는 기사 박물관이 있다. 중세의 다양한 기사들의 모습과 갑옷 및 투구와 그들의 무기들을 전시해 놓은 곳이다. 또한 십자군들이 전장에서 진(陣)을 친 모형과 말을 탄 기사의 모습과 대결 장면 등 영화에서 보던 기사의 실제 모습을 보고 있노라면 16세기 십자군의 전장터에 있는 듯한 착각에 빠져 든다.

기사 박물관을 나와 거리를 걷다 보면 중세 유럽풍의 건물에 21세기 명품이라 불리는 각종 상품들이 묘한 대조를 이루고 있고, 이 길을 계속 걷다 보면 탁 트인 지중해 바다가 한 눈에 들어 온다. 필요한 것이 필요한 곳에 있고, 보고 싶은 것이 보고 싶은 곳에 있는 묘한 조화를 가진 매력있는 도시가 발레타다.

발레타 인근의 도시로는 발레타가 수도가 되기 전 약 2,000년 동안 수도였던 임디나(Mdina)를 추천한다. 임디나는 아랍어로 '도시'란 의미로서 발레타에서 버스로 20여분 떨어진 거리에 있다. 성바울 성당으로 유명한 이 도시는 중세 유럽과 이슬람 도시의 특징을 두루 갖추고 있어 지중해 중세의 모습과 풍취를 마음껏 즐길 수 있다.

지중해 문명에 대한 정의를 내린 다양한 담론들 중에 필자는 "지중해는 하나의 문명이 아닌 어떤 문명들 위에 다른 문명들이 중첩된 모습을 지닌 문명들이 있는 곳이다"라고 갈파한 프랑스 역사학자 페르낭 브로델(Fernand Braudel, 1902~1985)의 정의를 가장 높이 평가한다.

몰타는 브로델의 지중해에 대한 정의가 가장 적확한 표현임을 온몸으로 보여 주고 있는 가장 지중해다운 현장이라 하겠다.

최근에 몰타는 한국학생들의 영어, 아랍어, 프랑스어, 스페인어와 이탈리아어 등의 외국어 연수지로서 각광을 받고 있다. 실제로 발레타 시내의 찻집에 앉아 있다 보면 몰타어와 함께 영어, 아랍어, 프랑스어, 이탈리아어 등 지중해 지역에서 사용되는 거의 모든 종류의 언어를 한 장소에서 들을 수 있다. 가히 지중해 언어의 전시장이라 할만하다. 다른 지역에서는 경험할 수 없는 색다른 경험이다.

다른 유럽 국가에 비해 상대적으로 저렴한 물가와 영어를 포함한 지중해의 모든 문화와 언어를 한 곳에서 체험할 수 있다는 것이 몰타의 커다란 매력인 것 같다.

그러나 그 무엇보다 몰타의 매력은 이곳에 사는 사람들이다. 품위와 친절함을 갖추고서 이방인을 대하는 이들을 보고 있노라면 월터 스콧의 몰타에 대한 인상에 동의하게 된다.

관광 산업을 기간 산업으로 발전시키려 하고 있는 부산도 눈여겨볼만한 대목이다. 인구 40만명의 작은 섬인 몰타이지만 이곳에서 만난 착한 사람들과의 즐거운 기억들은 여행자에게 오랜 울림을 주기 때문이다.

<발레타 중앙 광장>

11. 문명의 중첩, 팔레르모

"시칠리아(Sicilia)를 가보지 않았다면, 이탈리아를 보았다고 할 수 없다." 세계적인 독일의 문학가 괴테의 말이다. 시칠리아는 이탈리아의 남부, 지중해의 중심에 위치하고 있으며 크기는 약 제주도 14배 정도로 지중해에서 가장 큰 섬이다. 시칠리아는 유럽과 아프리카를 잇는 지리적 요인으로 인해 지중해 패권을 위한 전략적 요충지로서 잦은 몸살을 앓았다. 힘든 역사를 잘 견뎌내 온 시칠리아는 오늘날 수많은 문명의 산물들을 응축시켜 고이 간직하고 있다. 그리스와 페니키아, 로마, 노르만, 아랍·이슬람 문명에 이르기까지 수많은 문명의 결과물들이 융합되어 녹아있다. 유럽이면서도 때로는 아랍 같고, 같은 이탈리아임에도 불구하고 이탈리아스럽지 않은, 전혀 다른 독특한 매력이 돋보인다. 그리스보다 더 그리스적 신전이 있는 곳, 아랍보다 더 아랍적 예술이 남아있는 곳 이곳이 바로 시칠리아다.

시칠리아는 또한 영화 "대부"와 "시네마천국"의 배경이 된 곳이기도 하다. 시칠리아는 몰라도 영화 "대부"와 "시네마천국"을 모르는 이는 없을 것이다. "시네마천국"의 좁은 골목길, 꼬불꼬불 산길 끝을 따라 펼쳐지는 명작 "대부"의 아름다운 배경이 시칠리아다. 사람은 누구나 영화 속의 주인공이 되고 싶어 한다. 이 때문인지 현재까지도 영화의 모습을 고스란히 간직하고 있는 시칠리아를 보기 위해 많은 관광객들이 방문한다.

과거와 현재의 교차로_팔레르모

팔레르모(Palermo)는 카타니아(Catania), 타오르미나(Taormina), 바게리아(Bagheria) 등 시칠리아의 여러 도시들 중 하나다. 팔레르모라고 하면 패션에 관심 있는 일부 젊은 사람들은 미드 '가십걸'의 실제 모델인 올리비아 팔레르모를, 축구를 좋아하는 사람들은 팔레르

<팔레르모 부두의 요트 행렬>

모 축구팀을 떠올릴 것이다. 그러나 필자가 이야기하는 팔레르모는 시칠리아의 항구도시 팔레르모다. 시칠리아의 주도인 팔레르모는 BC 8세기 페니키아의 식민도시를 기원으로 카르타고, 로마, 비잔틴 제국의 지배, 이후 9세기 아랍의 지배를 받으며 번창하기 시작했다. 12세기 노르만 왕조에 의해 시칠리아 왕국으로 설립되며 유럽의 학문적 예술적 중심지가 되었다.

팔레르모로 가는 방법은 다양하다. 옛 왕국의 명소답게 공항이 있어 비행기로 갈 수 도 있고, 로마에서 기차를 타고갈 수도 있다. 로마 테르미니역(Termini)에서 기차를 타면 어느새 기차와 함께 배에 승선해 있는 모습을 발견할 수 있다. 배로 약 30분간 이동 후 다시 철로를 통해 팔레르모에 도착한다.

"시칠리아에 가면 마피아를 만나는 거 아니야?" 팔레르모에 가겠다고 지인에게 말했을 때 들은 첫 질문이다. 괜찮다는 대답을 하고 갔지만 팔레르모에 첫발을 내딛었던 날, 하필 비가 내려 도시 전체가 스산한 느낌이 든 것은 사실이다. 과거 왕국으로서 누렸던 경제적, 문화적 번영은 이미 로마에게 전달해 준 시칠리아에는 현재 마피아를 찾아 볼 수 없었다. 정말 다행스러운 일이다. 마피아도 경제의 흐름을 따라 로마로 갔을려나? 그러나 그러한 궁금증과 스산한 느낌은 팔레르모 도심으로 들어간 이후 완전히 사라졌다.

팔레르모의 두 번째 인상은 여유로움과 고요함이다. 도시전체가 마치 외곽 마을의 뒷골목을 다니는 기분이랄까, 일터로 느긋하게 움직이는 사람들, 집 앞을 청소하는 사람들, 자전거를 타고 스쳐 지나가는 사람들, 여느 관광지가 주는 화려하고 북적이는 느낌과는 사뭇 달랐다. 팔레르모에 도착한 날 한국인을 한명도 보지 못했다는 말로 대변할 수 있을 것이다. 이내 마음의 평온을 찾고 이 도시가 주는 매력에 푹 빠져들게 되었다.

대부분의 유적지나 관광지는 구시가지에 위치해 있다. 신시가지에서 구시가지로 가려면 팔레르모의 개선문이라 불리는 포르타 누오바(Porta Nuova)를 지난다. 1535년 카를로스5세가 튀니지로부터의 승전을 기념하기 위해 세운 것으로 좌우 기둥에는 터번을 쓴 아랍인의 모습이 조각되어 있다. 여러 문명에 주인 자리를 내주었던 팔레르모의 역사를 상징적으로 비춰주는 문이다, 전쟁의 산유물이라 씁쓸한 느낌이 드는 한편 유럽에서 아랍인의 조각을 보니 반갑기도 하다. 구시가지의 시작은 시청 앞에 위치한 프레토리아 광장(Piazza Pretoria)부터이다. 이곳에 있는 대리석으로 만들어진 분수대가 눈길을 끈다. 이 분수는 16세기에 피렌체의 조각가를 초빙하여 만들었다고 한다. 세월의 흔적을 찾아 볼 수 없을 정도도로 견고하고 아름다웠다.

팔레르모의 대표적인 관광지인 노르만왕궁(PALAZZO Reale o dei Normanni)은 유네스코세계문화유산에 등재되어 있는 곳이다. 과거 시칠리아를 다스렸던 왕들이 거처했던 궁전으로 현재는 시칠리아 지역 의회 건물과 예배당으로 이용하고 있다. 왕들의 위엄을 높이기 위함일까? 노르만왕궁은 구 시가지의 가장 높은 곳에 위치하고 있다. 이 왕궁은 9세기 시칠리아를 지배했던 이슬람의 칼리파에 의해 건축되기 시작되어 이후 1072년 로제르 1세의 치하 하에 122년간 노르만 왕조의 소유로 남게 되었다. 132년 로제르 1세는 왕궁 내에 시칠리아 노르만 왕조의 왕실 예배당인 '카펠라 팔라티나(Cappella Palatina)'를 건설했는데, 이 예배당은 12세기 시칠리아에 널리 퍼졌던 아랍-노르만-비잔틴 양식을 보여주는 대표적인 건축물이다. 예배당 입구를 들어서면 비잔틴 양식의 대표적인 모습인 돔 형식과 바닥과 벽면에 빼곡히 장식되어 있는 모자이크를 볼 수 있다. 위로 올려다보면 예배당 천장에는 이슬람 예술인 무카르나스 양식이 적용된 여덟 개의 각이 달린 별모양이 수를 놓는다. 재미있는 것은 이 별들이 기독교의 십자가 모양으로 모여 있다는 것이다. 예배당 정면에는 예수와 바울, 베드로의 성화가 황금장식으로, 측면에는 구약성서와 사도행전의 내용이 그려있다. 아치와 돔, 이슬람 예술의 특징이 나타나서인지 성화들이 있음에도 불구하고 이슬람 사원 안에 있는 듯한 착각을 불러일으킨다. 만약에 이 성화들이 없었다면 그 누가 봐도 이슬람 사원일 것 같은 생각을 했다. 모든 종교와 예술을 포용하는 관용의 정책을 펼쳤던 팔레르모의 역사를 눈으로 확인하는 순간이었다. 절대 화합할 수 없을 것 같은 이슬람과 기독교라는 두 종교의 문화가 이질감 없이 한데 어우러져 하나의 예술로 재탄생된 이 건축물을 보고 있노라면 존경과 감탄을 하지 않을 수 없다. 19세기 후반의 프랑스 작가인 기 드 모파상(Guy de Maupassant)은 카펠라 팔라티나를 "세계에서 가장 아름다운 예배당, 인간이 꿈꿀 수 있는 가장 놀라운 종교적 보석."로 언급했는데, 그의 의견에 충분히 공감하고, 가히 그럴만하다는 생각이 든다.

여러 문명의 공존을 확인할 수 있는 또 다른 유적은 몬레알레 대성당(Duomo di Monreale)이다. 몬레알레 대성당은 죽기 전에 꼭 봐야 할 세계 역사 유적 중 하나로 손꼽힌다. 노르만 족인 시칠리아 국왕 굴리엘모 2세에 의해 1174년부터 건축되기 시작한 이 성당은 외관은

<몬레알레 성당>

노르만 특유의 고딕양식으로 이루어져있으며, 내부는 그리스식 기둥, 로마식 아치, 비잔틴의 모자이크, 아랍식 천장과 정원으로 이루어져있다. 내부의 아치형 천장에는 천지창조와 예수의 삶을 나타내는 성화가 황금모자이크로 그려져 있는 반면, 정원에는 야자수를 닮은 아랍풍 분수가 떡하니 자리 잡고 있다. 노르만궁전만큼 규모가 크진 않지만, 이 곳 또한 종교적 관용을 엿볼 수 있는 매력적인 성당이었다.

1185년부터 짓기 시작한 팔레르모 대성당은 자그마치 약 600년에 걸쳐서 건축되었다. 비잔틴 양식으로 짓기 시작하였으나 건축기간이 오래된 만큼 여러 문명의 건축 양식을 보여준다. 팔레르모 역사의 흔적을 고스란히 간직하고 있는 역사적 산물인 셈이다. 대리석으로 만든 화려한 대성당의 벽면은 바로크 양식, 정면은 고딕 양식인데 이 정면의 모습을 갖추는 데만 약 200년이라는 세월이 걸렸다고 한다. 이 성당은 성모마리아에게 봉헌된 성당으로 팔레르모의 수호 성녀인 로사리아의 성체함도 모셔져 있다. 큰 규모답게 지하에는 주교, 성직자, 귀족들의 무덤이 있고, 박물관, 전망대도 있다. 팔레르모 대성당의 예배당 입장은 무료이나, 나머지 부분을 관람하려면 티켓을 구매

<팔레르모 성당>

해야 한다. 팔레르모 대성당을 방문한다면 꼭 티켓을 구매하기를 권한다. 특히, 옥상 전망대에 오르면 팔레르모 시내 전경이 한눈에 펼쳐지는 장관을 볼 수 있다. 팔레르모를 내려다보고 있으니 역사 속의 주인공이었던 여러 문명들이 파노라마처럼 스쳐지나가는 듯했다. 잠시나마 타임머신을 타고 과거로 가 있는 듯한 묘한 느낌이 들었다.

시칠리아의 품에 안겼던 지중해의 문명들은 수차례 반복되는 싸움과 타협을 통해 공존의 문화를 만들어냈다. 시공간을 초월한 문명의 파노라마의 향연인 시칠리아는 이탈리아지만 이탈리아 같지 않은 곳이 아니라 시칠리아 그 자체이다. 팔레르모는 바로 그 시칠리아의 심장이다.

통섭과 접경, 지중해 3대 물목을 가다

_백현충

1. 통섭과 접경, 지중해 3대 물목

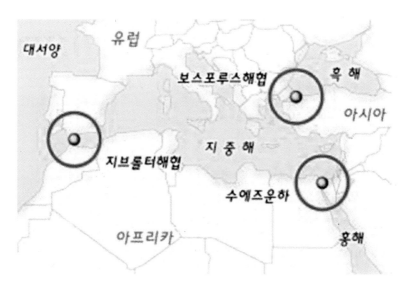

<3개 대륙을 교차하는 지중해의 3대 물목>

지중해는 글자 그대로 '땅 한가운데에 있는 바다'이자 '땅에 갇힌 바다'다. 이런 바다가 지중해뿐인 것은 아니지만 아시아와 유럽, 아프리카 3개 대륙이 만나는 곳은 지중해가 세계에서 유일하다. 세 대륙이 부딪히는 만큼 역사적으로 갈등도 많았다. 갈등은 때때로 전쟁이라는 극한 상황으로 이어졌지만 그 갈등을 다스리는 과정에서 새 질서가 모색됐고, 그 질서 속에서 새로운 문명이 일어났다. 문명은 지난하게 일어섰다가 거침없이 무너지기를 반복하면서 화석처럼 역사로 굳어졌다.

<지브롤터>

지중해는 자연의 관점에서 보면 태평양이나 대서양에 비교되지 않을 정도로 작은 바다. 그러나 인문학적 관점은 다르다. 바다를 지칭하는 동시에 바다를 둘러싼 해양국가와 도시가 서로 부딪히고 소통하는 역사 그 자체가 된다. 그 역사 속에서 유대교, 기독교, 이슬람교가 탄생했고, 로마와 알렉산드리아, 스페인이 세계를 주름 잡는 정복의 꿈을 키웠다. 이집트 문명, 헬레니즘 문명, 비잔틴 문명, 이슬람 문명 등도 지중해에서 일어났다. 끊임없는 대립과 융화, 그것은 구 문명의 자산이자 새 문명의 자양분이었다.

2007년, 지중해 연안 43개국이 지중해연합을 결성했다. 땅으로 구획을 짓는데 익숙한 까닭에 바다를 중심으로 연대하는 것은 인류 역사사 매우 드문 일이 됐다. 그것도 유럽 일부와 아프리카 일부, 아시아 일부로 이뤄졌다. 물론 그 중심에는 지중해라는 공동의 바다가 있었다.

<수에즈 운하>   <보스포루스해협>

이 글은 지중해로 모이는 대륙과 대륙의 3대 접점에 관한 것이다. 유럽과 아프리카가 만나는 지브롤터해협, 아시아와 아프리카의 접점인 수에즈운하, 그리고 아시아와 유럽의 물목인 보스포루스해협을 중심으로 답사한 결과와 생각을 담았다. 그중에는 유럽 속의 이슬람으로 불리는 그라나다와 코르도바(스페인), 지중해의 천연요새로 굳건한 지브롤터(영국), 아프리카와 유럽의 대륙 관문인 탕헤르와 페스(모로코), 홍해와 지중해를 잇는 수에즈 운하의 북단 도시 포트사이드(이집트), 커피의 원조인 터키 커피(이스탄불) 등도 포함됐다.

지중해의 서로 다른 문화는 부딪히면서 닮고, 닮아가면서 공존의 지혜를 가르쳤다. 그것이 지리적으로 아무런 관계가 없어 보이는 한

반도에서 지중해를 주목하는 이유다. 지중해를 인문학적으로 확장하면 일본과 갈등을 빚는 동해가 되고, 중국과 부딪히는 서해가 된다. 더 넓게 보면 태평양도 갈등 속에서 화합의 지혜를 찾아야 하는 지중해와 크게 다르지 않다. 내 것 만이 옳다는 독선주의가 아니라 서로가 서로를 이해하고 설득하는 과정에서 공존과 공생의 길은 열릴 것이다.

2. 유럽 속의 이슬람, 그라나다와 코르도바

"길에서 태어나/ 길에서 자라난/ 나의 유일한 집/ 내가 머물기를/ 소망하는/ 보헤미안들의 안식처/ 안달루시아."

빅토르 위고의 소설에서 뮤지컬로 각색돼 더 유명해진 '노트르담 드 파리'의 여주인공인 에스메랄다의 애끓는 선율이 환청처럼 귓가에 울린다. 그가 그렇게 돌아가고 싶어 한 보헤미안들의 안식처, 안달루시아는 우리나라의 남도처럼 '포근하고 따뜻한' 이미지를 가진, 스페인에서 가장 비옥한 땅이자 남부 최대의 자치주다. 그러나 유럽인데도 유럽 같지 않은 풍경에서 이방(異邦)의 색채가 먼저 감지된다.

안달루시아의 그 색채는 생각보다 훨씬 더 오래 전부터 밴 것이다. 8세기부터 800년 동안 사라센의 영토였다고 한다. 사라센은 이슬람교도이자 북아프리카에서 건너온 무어인을 지칭한다. 앞서 로마와 반달이 안달루시아 지역을 점령했지만, 그보다 훨씬 이전에는 역시 지중해를 건너온 페니키아와 카르타고가 지배했다. 처음부터 유럽인의 땅은 아니었다는 얘기다.

이런 까닭에 안달루시아 주요 도시는 지금도 집시 문화와 함께 이슬람의 잔향이 짙게 남아 있다. 톨레도, 코르도바, 세비야, 그라나다, 말라가, 론다는 특히 더 그렇다. 그중에서도 가장 마지막까지 이슬람의 영토로 남은 곳이 그라나다다.

스페인 수도인 마드리드에서 시외버스를 타고 거의 수직으로 5시간가량을 남하하면 무어인의 옛 영토인 그라나다에 이른다. 그곳의 가장 높은 언덕에 전설의 왕궁으로 잘 알려진 알람브라(Alhambra)가 웅크리고 앉았다. 알람브라는 아랍어로 '알함으라'(붉은 · الحمرا)로 읽힌다. 저녁 무렵 햇불에 반사된 성벽과 망루가 마치 붉게 불타고 있는 것처럼 보인 데서 유래했다고 한다.

<그라나다의 알람브라 궁전 전경>

1236년 가톨릭 세력에게 코르도바 지배권을 빼앗긴 무어인의 왕 유세프가 이곳으로 피신해 나스르 왕조를 세우면서 건설한 요새 겸 왕궁이다. 왕궁은 이후 왕조의 마지막 집권자인 보압딜이 에스파냐 연합 세력에 밀려 1492년 1월 2일 북아프리카로 철군하기까지 256 년 동안 이슬람의 마지막 거점으로 기능했다. 이슬람 입장에서 이날 은 치욕이 된다. 하지만 유럽은 이날을 기점으로 이슬람 지배에서 완 전히 벗어난다. 스페인 역사학자들은 이를 '레콩키스타'(Reconquista)[1] 로 기념하고 있다. 우리말로 풀이하면 '실지(失地)회복운동'이 완성 된 날을 뜻한다.

주인이 바뀌면 궁성은 으레 불에 타 흔적도 없이 사라진다. 그렇 지 않아도 치열한 전투 과정 속에서 성은 회복하기 힘들 정도로 훼 손되기 마련이다. 싸움에서 진다면 떠나기 직전에 성을 불태우는 것 도 과거에는 예사였다. 어차피 사용하지 못할 성이니 적들도 활용하 지 못하게 하려는 심보였다. 하지만 알람브라는 레콩키스타 이후에 도 오랫동안 살아남았다. 심지어 유네스코 세계문화유산에 등재될 정도로 지금도 보존 상태가 좋다. 그 까닭이 뭘까? 역사학자들은 '빅 딜'을 먼저 떠올린다.

보압딜은 1492년 1월 퇴각 조건으로 퇴로를 열어줄 것, 궁성을 파 괴하지 말 것, 무어인의 종교 선택 자유를 인정해 줄 것 등을 주문했 다. 그중 가장 흥미로운 것이 궁성 파괴의 금지다. 그는 왜 그런 조 건을 내걸고 물러났을까? 역사학자들은 그가 아마 다시 지중해를 건

---

1) 이슬람 세력은 711년부터 1492년까지 유럽 이베리아 반도를 지배했다. 가톨릭 세력은 이에 대 항해 탈환 전쟁을 벌였는데, 1143년 포르투갈 왕국을, 1469년 에스파냐 왕국을 건설하고, 1492 년 1월 2일 마침내 이슬람 세력의 마지막 보루였던 그라나다 왕국을 함락하면서 장장 781년에 걸친 긴 싸움을 종결지었다. 유럽은 이를 레콩키스타, 즉 '실지(失地)회복운동'으로 일컫는다.

너 알람브라로 돌아오리라는 믿음을 버리지 않은 것 같다고 추정한다. 하지만 그는 자신의 바람과 달리 다시는 알람브라로 돌아오지 못했다. 그뿐 아니라 그의 후손들도 마찬가지다. 후손 중에는 고토 회복을 선언하며 전쟁 준비에 열을 올리기도 했지만 성공한 이는 없었다.

그렇다면 알람브라가 지금껏 온전한 것은 정말 그 약속 때문일까. 가톨릭 세력이 패자와의 약속을 지키기 위해 그 오랜 세월 동안 알람브라를 남겨 놓았을까. 같은 민족, 같은 종교, 같은 정권 내에서도 전임자 위업을 깡그리 훼손시키는 것이 지금까지 증명된 승자의 오만한 역사라는 점에서 그 주장은 설득력을 얻기 힘들다. 아니 오히려 그 주장에 의문이 생긴다. 의문은 알람브라 궁 내부를 돌아다니면서 더 커지고 뚜렷해졌다. 왜? 알람브라는 어떻게 승자의 오만을 견뎌냈을까?

역사 기록이 늘 정답은 아니다. 합리적 의문이 사실 관계를 정립하는데 중요하다고 할지라도, 때때로 기록보다 구전이 더 큰 설득력을 얻는 것은 어쩔 수 없는 일이다. 알람브라가 그런 경우다. 이민족간의 전쟁 속에서 살아남은 것이 어차피 믿을 수 없는 일이라면 그 이유도 믿을 수 없을 정도로 신비롭거나 전설적인 것이어야 하는 것이다.

이런 의문과 궁금증에 미국 소설가 워싱턴 어빙이 답했다. 그는 1829년 알람브라를 여행하면서 마을사람들로부터 들은 전설을 토대로 불후의 여행서인 '알람브라'(Tales of Alhambra)를 남겼다. 그 내용 중에 이런 대목이 나온다. "궁전을 지은 무어의 왕은 악마에게 영혼을 팔아 궁성과 요새 전체에 마법의 주문을 걸어 놓았다. 그 덕분에 수백 년 동안 무어인의 숱한 건물이 무너지고 사라졌지만 알람브라는 끝끝내 살아남았다."

부부 왕에 이어 스페인 절대 왕정의 새로운 주인공이 된 카를로스 5세는 자신의 이름을 내건 '카를로스5세 왕궁'을 알람브라 한가운데에 세웠지만, 그것은 끝내 완공되지 못했다. 마을 전설처럼 무어인의 마법이 통했던 것일까. 미완성된 카를로스5세 왕궁은 안팎 풍경이 많이 다르다. 바깥에서 보면 정사각형인데, 안으로 들어가면 원형경기장처럼 둥근 고리 모양이 된다. 패자의 왕궁 중앙에 거대한 말뚝처럼 박아놓은 승자의 왕궁은 생각보다 훨씬 더 위압적이고 오만스럽다. 마치 경복궁에 오랫동안 박혀 있던 조선총독부 청사[2]처럼 말이다.

카를로스5세 궁을 돌아 알람브라 본궁으로 들어가면 마법은 다시 시간여행을 유도한다. 영화필름이 거꾸로 도는 것처럼 과거와 과거가 뒤섞이고, 그 과정에서 새로운 과거가 수없이 생겨난다. 그 순간 스페인 풍경이 사라지면서 옛 사라센의 도시 풍경이 오버랩된다. 온갖 죽음의 설화가 깃든 사자정원, 맑은 샘물을 수액 삼아 푸른 빛을 더하는 오렌지 나무와 삼나무들, 가는 선으로 쌓아 올리거나 선을 파고 들어간 격자 모양의 아케이드, 금방이라도 부서질 것처럼 가볍고 세밀한 도림질 벽 세공 장식 등이 모두 이슬람의 유물이다.

감탄사는 회랑을 걸으면서 더욱더 커진다. 그러다 남쪽 창을 통해 환하게 들어온 햇빛으로 마법에서 깨어난다. 무어인의 초승달 첨탑이 있던 곳에 가톨릭 성당의 십자가가 다시 보인다. 궁성 저 멀리 마

---

[2] 일본은 식민통치의 위엄을 과시하기 위해 경복궁 근정전 앞에 조선총독부 청사를 1926년 건립했다. 이는 광복 이후 주요 행정부처가 자리 잡은 중앙행정관청(약칭 중앙청)으로 기능했으나 일제 침략의 상징적 건물이라는 여론에 밀려 국립중앙박물관으로 개조됐고, 마침내 1996년에는 일제 잔재를 없앤다는 명분에서 철거됐다. 지붕의 첨탑만이 천안 독립기념관에 전시돼 있다.

을의 붉은 지붕들 위로 희미하게 마루 금을 이루고 있는 알바이신 언덕과 군데군데 끊기고 허물어진 붉은 성벽도 낯익다. 환영은 마법과 함께 사라지고 현실 속으로 돌아왔다.

무어인 왕과 식솔들은 아마 저 언덕 위에서 뒤를 돌아보며 망신창이가 된 터미네이터처럼 이렇게 외쳤을 것 같다. "나는 다시 곧 돌아올 것이다." 그러나 역사는 뜻대로 되지 않았다.

무어인 제국은 사라졌지만 그 흔적은 도시 곳곳에 남아 있다. 성의 언덕 아래로 흐르는 '리오 다로'(Rio Darro) 강도 그 흔적 중 하나다. '리오'는 강, '다로'는 집(알람브라 궁)을 뜻하는 아랍어다. 알람브라 바로 곁에 흐르는 강을 뜻하는 것이다. 좁고 복잡한 미로와 높은 성벽도 무어인의 도시 설계로부터 영향을 크게 받았다. 두 문명의 동거는 오랜 세월 동안 씨줄날줄로 엮이면서 지금의 그라나다가 됐다.

이슬람제국의 유럽 통치 781년의 길고 긴 막이 내려진 바로 그해(1492년), 스페인에서 출항한 선박은 나중에 아메리카로 불리게 되는 신대륙에 닿았다. 크리스토퍼 콜럼버스의 배, 산타마리오 호였다. 세계사의 축은 그렇게 동에서 서로 급격히 이동하고 있었다.

그라나다에서 버스를 타고 서쪽으로 4시간을 더 달리면 코르도바에 닿는다. 같은 이슬람 유적지인 세비야가 안달루시아 최대의 경제 도시라면 무어인 시대에 수도 역할을 했던 코르도바는 지금도 행정 도시로 이름값을 톡톡히 하고 있다.

<코르도바의 메스키타. 이슬람 문양 안에 예수상이 걸려 있다>

    그라나다의 알람브라와 함께 유네스코의 세계문화유산으로 등재된 코르도바의 '메스키타'[3]는 이슬람과 가톨릭의 묘한 동거가 시선을 끄는 사원이다. 785년부터 건설된 사원은 도시 발전과 더불어 꾸준히 확대돼 무려 2만5천여 명의 신자를 한꺼번에 수용할 수 있는 거대한 건축물이 됐다.

    그러나 새로운 정복자 페르난도2세가 코르도바를 점령한 뒤 그 일부를 허물었고 다시 카를로스5세가 르네상스 양식의 예배당을 강제로 접목시켜 이슬람 토대 위의 가톨릭 건축이라는 야릇한 혼종의

---

3) Mezquita : 스페인어로 모스크를 뜻한다. 아랍어 '마스지드'에서 유래했다. 그러나 일반적으로는 고유명사로서 스페인 안달루시아 코르도바에 있는 가톨릭교회의 주교좌성당인 '코르도바 산타마리아 성당'을 가리키는 경우가 많다. 이슬람의 모스크를 가톨릭교회로 바꾼 것이다.

사원이 됐다. 사원은 지금도 대리석, 화강암, 석영 등을 소재로 한 850개 원형 기둥과 아치, 화려한 지붕으로 심심찮은 볼거리를 제공하고 있다. 이슬람 특유의 기하학 무늬 안에 자리 잡은 예수상은 혼종 문화의 압권이다.

"코르도바는 전성기 때 거주민이 1천만 명을 헤아릴 정도로 큰 도시였습니다. 이만한 도시는 당시 콘스탄티노플 밖에 견줄 데가 없었죠." 푸른 제복의 현지 안내인이 설명했다. 그는 스페인 사람이면서도 무어인 점령자가 남겨놓은 코르도바 문화유산에 큰 애착을 가진 듯 말했다.

스페인은 무어인에게 종교의 자유를 약속했지만 이를 실천하지는 않았다. 오히려 통일 왕국 이후 이방인을 철저히 솎아내고 가톨릭으로의 개종을 강요했다. 그 와중에 무기상으로 무어인의 유럽 정복을 도운 유대인들도 수난을 겪었다.

유대인의 무기상 역할은 일찍부터 잘 알려졌다. 십자군 원정을 다룬 월터 스콧의 역사소설 '아이반호'[4]에 등장하는 무기상도 그런 시대적 산물이다. 이들은 소설에서처럼 무어인의 대유럽 전쟁 때 무기를 제공하면서 함께 성장하고 함께 쇠락했다. 지금 세계 곳곳에서 전쟁을 치르고 있는 미군의 최대 후원자이자 세계 최고의 무기상들도 유대인이라는 점이 묘하다. 제2차 세계대전의 가장 큰 피해자이면서 여전히 전쟁을 이익 창출의 거대한 시장으로 보는 그들에게서 서글픔과 함께 두려움을 느끼지 않을 수 없다. 싸우면서 닮는다고 했던가.

---

[4] 1819년 출간된 월터 스콧의 역사소설. 스콧은 1820년대 청춘을 열광시킨 스타 소설가였다. 그의 작품인 '아이반호'를 배경으로 프랑스 화가인 외젠 들라크루아는 1858년 '프론디부프 성의 약탈 때 기사단에 의해 납치되는 레베카'라는 작품을 완성했다. 이 작품은 지금 루브르박물관에 전시돼 있다. '아이반호'는 1952년 같은 이름의 영화(감독 리처드 소프)로도 제작됐다.

3. 지중해의 천년 요새, 지브롤터

<지중해의 관문 지브롤터>

　빠르고 경쾌한 노랫가락이 라디오를 통해 흘러나왔다. 그 리듬에 적응할 무렵 차창 밖으로 이국적인 해안 풍경이 펼쳐졌다. 시원하고 아름다웠다. 풍경이 잠시 큰 건물에 가려질 무렵, 터미널 안으로 들어온 버스가 멈췄다. 국경 아닌 국경 마을인 라리네아[5])에 도착한 것이다.

라리네아는 영국령 지브롤터에 접한 스페인의 휴양도시다. 유럽에는 이미 국경이 철폐된 까닭에 고속열차나 자동차를 이용할 때 이를 제대로 느끼기 힘들다. 지방과 지방을 구분 짓는 경계선 정도로만 인식될 뿐인 것이다. 그러나 라리네아와 지브롤터는 국경을 상징하는 출입국 절차가 아직 있다고 들었다. 그것을 확인하기 좋은 기회다.

그러나 앞서 눈길을 끈 것은 해안선 너머로 넘실대는 바다였다. 저 바다가 지중해다. 여름이 아니라서 해수욕장은 텅 비었지만 에메랄드빛 바다는 충분히 아름다웠다. 부산의 바다와도 색깔이 달랐다. 부산이 검은색에 가까운 푸른빛이라면 라리네아의 바다는 약간 투명한 푸른빛이었다.

<원숭이의 눈으로 바라본 지브롤터 해협>

---

5) La Linea : 스페인 안달루시아 지방의 카디스 주에 속한 도시로, 영국의 해외 영토인 지브롤터로 들어가는 길목이다. 여행자라면 으레 그라나다에서 지브롤터로 옮겨 갈 때 알헤시라스와 라리네아를 거친다. 그라나다~알헤시라스는 기차, 알헤시라스~라리네아는 버스로 이동할 수 있다. 라리네아에서는 걸어서 국경을 넘어 지브롤터로 들어간다.

요트계류장에는 하얀 돛이 거의 보이지 않았지만, 계류장 규모만으로도 여름 내내 얼마나 많은 요트가 북적였을지 충분히 짐작할 수 있었다. 러시아를 비롯한 북유럽에서 남하한 외국의 거대한 요트들이 지난여름 내내 이곳에 머무르며 떠들썩한 파티를 매일 밤 열었을 것이다. 그 흔적이 라리네아 해변에 줄지어선 파스텔 톤의 호텔들에서 어렴풋이 느껴졌다.

파스텔 톤은 계절을 잊게 하는 색조다. 서로의 개성을 강하게 드러내기보다 오히려 서로를 부드럽게 보듬고 보완하는 색채다. 파스텔 톤은 색과 색 사이에 경계나 대립이 거의 없다. 아마 그럴 것이다. 지난 수백 년 동안 숱한 전쟁의 기억을 간직해야 하는 지중해에 유난히 파스텔 톤의 건물이 많은 것은 전쟁과 갈등의 상처에서 저절로 우러나온 공존과 상생의 지혜 때문이리라. 파스텔 톤은 그래서 공존의 색으로 안성맞춤이다.

국경 체험은 생각보다 단순했다. 라리네아에서 영국령 지브롤터로 들어가는 길 위에 고속도로 톨게이트 같은 관문이 서 있고 제복 차림의 공무원들이 여권을 힐끗 내려다보는 것으로 두 나라의 출입국 절차는 끝이었다. 누가 봐도 관광객처럼 보였나 보다.

하지만 두 도시의 풍경은 많이 달랐다. 영국령 지브롤터는 지리적으로 스페인에 접했지만 도시 풍경은 확실히 영국적이었다. 런던에서나 볼 수 있는 길쭉한 경찰 모자는 물론이고, 빨간 이층버스와 우체통, 그리고 맥주조차 영국 특산의 기네스를 팔았다. 사람들의 발음도 묘했다. 영어라고 하기에는 스페인어 같고, 스페인어라고 하기에는 영어에 가까운 발음이었다. 하지만 정신을 좀 더 집중해서 들으면 영어도, 스페인어도 아닌, 무어인의 아랍어 어투가 드문드문

묻어 나왔다.

그러고 보니 '지브롤터'라는 지명은 아랍어에서 유래했다. 711년 스페인 남부를 장악한 무어인의 타리크 이븐 제야드[6] 장군의 이름이 어원이란다. 이슬람 세력을 이끌고 지브롤터에 상륙한 타리크는 해변 위로 우뚝 솟은 바위산을 한없이 바라보았다. 거대한 칼로 한 방에 잘라놓은 듯한 모양새가 눈길을 끌었다. 그 바위에 자신이 막 도착했다는 메시지를 담고 싶었던 그는 부관을 시켜 지도에 이렇게 표기했다. '지벨 엘 타리크'(Jebel el Tarik). '타리크의 바위산'이라는 뜻이다. 이것이 나중에 스페인 발음으로 지브롤터가 됐다. 무어인은 이후 약 800년 동안 스페인 남부 지역을 점령하면서 지중해로 뾰족 튀어나온 지브롤터 반도를 왕국의 해로를 지키는 군사 요충지로 탈바꿈시켰다.

그러나 무어인이 유럽에서 퇴각한 15세기 이후 지브롤터는 스페인에 잠시 귀속된 뒤 1704년 스페인 왕위계승전에서 승리한 영국의 전리품으로 최종 낙점된다. 이로부터 세월이 한참 더 흐른 20세기, 스페인은 지브롤터 반환을 영국에 촉구하지만 아직까지 그 뜻을 이루지 못하고 있다. 심지어 지난 2002년에 열린 지브롤터 주민투표에서는 98.9%가 영국인으로 살고 싶다는 결과가 나와 스페인을 난처하게 만들었다. 더욱 아이러니한 것은 지브롤터 주민 총 3만여 명 중 3분의 2인 2만여 명이 스페인 출신이라는 데 있다. 영국 출신은 고작 3천여 명. 그럼에도 지브롤터 주민들은 왜 영국을 선택했을까?

---

6) Tariq ibn Ziyad : 이슬람군 북아프리카 총독 무사 븐 누사이르의 해방노예로, 그의 명령을 받아 베르베르인으로 조직된 7,000명의 군대를 이끌고 711년 지중해를 건너 에스파냐를 정복했다. 정복의 상륙지가 된 지점이 바로 지브롤터로, 그는 자신의 이름을 따서 '타리크의 언덕'(자발 알 타리크·Jabal al Tāriq)이라고 명명했고, 그것이 나중에 지브롤터로 바뀌었다.

지브롤터에서 만난 개인 관광업자 페제(62)는 "스페인에 귀속되면 작은 국경도시의 보잘것없는 주민으로 전락하겠지만 영국은 끊임없이 국가의 주요 군사 요충지 국민으로 대우해준다"며 "경제적인 측면에서도 영국령으로 남는 것이 훨씬 이롭다"고 말했다. 심지어 관광 측면에서도 '스페인 국토 속의 영국령'이라는 이색 관점이 없다면 누가 찾아오겠느냐고 그는 반문했다. 지브롤터 정부의 공식 홈페이지에는 지난 2008년 한 해에만 무려 1천만 명이 지브롤터를 방문했다는 통계가 올라 있다.

경제도 지브롤터가 접경도시인 라리네아보다 훨씬 발전되었다. 이는 매일 아침 국경을 넘나드는 노동자 숫자에서도 확인된다. 오전에는 라리네아에서 지브롤터로, 오후에는 지브롤터에서 라리네아로 노동자들이 주로 이동하는 것이다. 라리네아 사람들의 직장이 지브롤터에 있다는 뜻으로 해석된다. 지브롤터의 일자리와 임금이 그만큼 라리네아보다 좋다는 뜻이다. 영국 정부의 전략적인 후원도 지브롤터 경제의 든든한 버팀목이 되고 있다. 이는 정기 여객 항공편에서 확인된다. 하루 5개 노선 6차례의 운항 스케줄 가운데 무려 4개 노선 5차례가 런던으로 향하는 반면 마드리드로 가는 비행기는 1차례뿐이다.

지브롤터는 아주 작은 반도 도시다. 면적으로 보면 부산 동구(9.77㎢)보다 더 작은 6.5㎢에 불과하다. 그것도 평지는 거의 없고 대부분이 석회암봉으로 이뤄져 있다. 관광도 지브롤터 북쪽에 위치한 타리크 산과 해변, 그리고 시내를 한 차례 둘러보는 한 나절 일정이면 족하다. 그나마 흥미로운 코스는 타리크 산으로, 우리는 가이드 페제의 소형 승합차를 타고 꼬불꼬불한 산길을 따라 올라갔다.

정상 부근에서 두 개의 동굴을 만나는데, 하나는 천연 굴인 '성 미카엘 동굴', 다른 하나는 영국 군인들이 방어진지 구축을 위해 뚫어 놓은 '그랜드 시지 터널'이다.

성 미카엘 동굴은 수직 동굴로, 그 끝을 알 수 없을 만큼 깊다고 한다. 페제의 말이 재미있다. "지브롤터의 꼬리 없는 원숭이가 성 미카엘 동굴을 통해 지브롤터로 건너왔다는 전설이 있어요." 유럽과 아프리카의 두 대륙이 지중해의 깊숙하고 긴 동굴을 통해 연결돼 있다는 말이다. 믿거나 말거나.

그러나 타리크 산의 꼭대기에 서식하고 있는 꼬리 없는 원숭이가 북아프리카 산인 것만은 틀림없다. 사람을 봐도 꿈쩍도 하지 않을 만큼 인간 세상에 익숙해진 이 놈들은 석회암 봉우리 전체를 자신들

<성 미카엘 동굴>

의 세상으로 둔갑시켜 놓았다.

천장으로부터 다양한 색상의 종유석이 길게 늘어진 동굴은 입구에 광장이 자리 잡고 있다. 이곳에서 종종 콘서트가 열린다고 팻말에 씌어 있다. 광장 가득히 비치된 간이 의자도 관객 용도로 보인다. 동굴 내 스피커에서는 녹음된 오케스트라 연주가 끊임없이 흘러나왔다. 음향이 맑고 풍부했다. 천연 콘서트 홀로 충분한 자격을 갖췄다.

반면에 그랜드 시지 터널은 바깥으로 커다란 구멍이 많이 나 있었다. 제2차 세계대전 때 영국군이 임의로 만들어 놓은 것이라고 하는데, 그때 사용한 대포는 지금 관광용으로 재활용되고 있다. 그 방향이 흥미롭다. 지중해, 대서양, 육로(스페인)가 모두 대포의 표적이 된다. 최고의 요충지에 조성된, 최고의 천연 요새라는 말은 결코 틀린 말이 아니다.

산꼭대기에서 내려다본 풍경은 생각보다 훨씬 더 아찔했다. 산 높이가 425m에 불과하지만 하얗게 깎아지른 절벽 때문에 지브롤터의 항만과 아파트, 도로, 활주로 등이 발아래 수직으로 내려다보였다. 그중 가장 먼저 눈길을 끈 것은 공항 활주로였다. 푸른 물빛 때문에 활주로가 마치 바다 위에 떠 있는 것처럼 보였는데, 도심의 교차로나 철도 건널목처럼 국경선과 십자 모양으로 교차된 것도 특이한 볼거리였다. 활주로임에도 주민과 관광객의 통행이 가능하도록 설계된 것도 매우 이채로웠다. 국경을 오가는 차량과 사람들은 비행기가 뜰 때 마치 철도가 지나가기를 기다리는 것처럼 신호등을 보면서 대기한다.

시내는 활기가 넘쳤다. 다양한 브랜드의 면세품 가게가 간선도로를 따라 줄지어 섰다. 지브롤터 전역이 면세구역이다. 지중해의 군사 요충지라는 지리적 위상이 영국 정부로 하여금 그런 경제적인 혜택을 덤으로 주도록 했다.

낙서처럼 보인 팻말에서 이런 문장을 발견했다. "2개 이상의 언어, 3개 이상의 종교, 4개 이상의 민족이 어울려 사는 사회." 언어는 영어와 스페인어, 종교는 가톨릭과 영국국교, 이슬람을 지칭한 듯했다. 공존은 그렇게 작은 도시에서조차 오묘한 파스텔 빛깔로 공동체의 그림을 그리고 있었다. 땅거미가 짙게 깔리는 지브롤터의 타리크 산을 배경으로 기념사진을 하나 찍었다. 안개가 지브롤터 산 정상부를 감싸고 있는 풍경이 오묘했다. 안개 속으로 과거의 전쟁도 자취를 감췄다. 보이지 않으면 존재하지 않는 것이다.

4. 헤라클래스 신화의 땅, 세우타

2009년 조선왕릉 40기가 유네스코의 세계문화유산에 등재됐을 때 스페인은 잘 알려지지 않은 등대 탑 하나를 세계문화유산으로 지정받았다. 스페인 북서부 코루나 항에 위치한 '헤라클레스의 탑'으로, 유네스코에 따르면 고대 그리스 로마 시절의 흔적이 뚜렷이 남아 있는, 세계 유일의 등대라고 한다. 꼭 그것 때문은 아니지만, 스페인은 유난히 그리스 신화 속의 가공인물인 헤라클레스와 관계가 깊은 나라다.

스페인 국기를 들여다보면 쉽게 알 수 있다. 국기 속의 두 기둥이 바로 전설 속의 '헤라클레스 기둥'인 것이다. 두 기둥에는 빨간 리본이 하나씩 감겨져 있는데 그 리본에 새겨진 라틴어가 '프루스 울트라'(Plus Ultra)다. 직역하면 '저 너머에'란 뜻이 된다. 그러나 이 글귀의 원래 문장은 '논 프루스 울트라'(Non Plus Ultra)로, '더 이상의 세상은 없다' 혹은 '땅 끝'으로 의역될 수 있다. 콜럼버스의 신대륙 발견 이후 스페인은 부정과 한계의 수식어인 '논'(Non)을 빼고 '프루스 울트라'만을 사용했다. 지브롤터 해협이 세상의 끝인 줄 알았는데 더 알아보니 신대륙도 있더라는 지적 각성의 결과였다.

<세우타의 헤라클레스>

그런데 이 글귀가 왜 헤라클레스와 관련된 것일까. 전설은 이렇게 전하고 있다. "제우스의 아내인 헤라의 저주로 정신 착란을 일으킨 헤라클레스가 자신의 자식들을 모두 죽여 버린다. 잠시 후 제정신으로 돌아온 그는 잘못을 깨닫지만 물은 이미 엎질러진 상태다. 그는 신의 노여움을 풀기 위해 델포이를 찾아 그곳에서 미케네와 티린스의 왕 에우리스테우스의 12개 명령을 이행하라는 신탁을 받는다. 그중 하나의 신탁이 게리온의 황소 무리를 잡아 왕 앞에 대령하라는 것이었다. 바로 그 황소 무리가 당시 그리스인들에게 서쪽 끝이자 땅 끝으로 여겨진 지브롤터 해협 부근에 살고 있었다. 그리스에서 출발한 그는 헤스페리데스 동산을 넘어 길을 이어갔다. 그런데 거의 다 왔다고 생각했을 때 그의 앞을 거대한 아틀라스 산맥이 막아섰다. 헤라클레스는 잠시 숨을 고른 뒤 자신의 괴력을 이용해 산줄기를 단박에 잘라냈다. 그때 잘려나간 산맥의 한 동강이 지브롤터의 타리크 산이고 다른 한 동강은 북아프리카의 스페인령인 세우타 반도에 있는 몬테 아초(Monte Hacho) 산이란다. 지브롤터 해협도 그때 잘려나간 두 동강 사이로 새로 생겨났다."

서구 신화에서 가장 힘센 사나이로 등장하는 헤라클레스! 지중해를 사이에 두고 서로 마주한 지브롤터와 세우타[7]에서 그를 잇달아 만난 것은 행운이었다. 첫 조우는 지브롤터의 타리크 산 정상 부근에 위치한 헤라클레스 기념비였다. 둥글고 큰 동전 모양의 건축물로,

7) Ceuta : 스페인의 카디스 주에 속한 자유항 겸 군사 주둔지로, 지중해를 사이에 두고 지브롤터와 마주하고 있다. 고대 카르타고가 처음 항구로 건설한 이후 전략 요충지로 각광을 받으면서 로마, 반달, 비잔틴의 지배를 잇달아 받았다. 8세기에 이슬람 세력권에 속했으나 15세기부터는 유럽 열강들의 아프리카 침략의 교두보로 전락했다. 스페인 영토가 된 것은 1580년부터로 알려졌다. 알헤시라스~세우타는 정기 카페리를 이용할 수 있다(세계지명유래사전/송호열/성지문화사 참조).

지중해를 내려다보고 있었다. 그 기념비에는 이런 내용이 씌어 있다. "아주 먼 옛날 헤라클레스가 세상의 끝이라며 산맥을 쪼개 지중해와 대서양을 서로 통하게 만든 기둥이 여기에 서 있다. 이곳은 그때만 해도 '하데스'(Hades:지옥)로 가는 입구로 알려졌다." 당시만 해도 바다는 지중해를 일컬었고 대서양은 모험심 강한 선원들조차 두려워하는 죽음의 공간이었던 것이다.

바다 건너 세우타는 지브롤터보다 좀 더 선명한 빛깔로 헤라클레스를 추억하고 있었다. 세우타 항으로 들어가는 입구인 두 방파제 끝에 6m 높이의 동상 두 개가 우뚝 서 있다. 신화 속의 헤라클레스가 두 기둥을 힘차게 밀어붙이고 있는 형상으로 만들어졌다. 그러나 조형물보다 더 먼저 시선을 끈 것은 두 기둥의 '실체'같은 두 산의 흔적들이었다. 지브롤터의 타리크와 세우타의 몬테 아초는 날카로운 칼에 두 동강이 난 복숭아처럼 서로 수직의 벽면으로 하얀 속살을 드러내고 있었다.

아마 자연이 만들어낸 가장 오래된 과거, 고생대에 수차례의 융기와 습곡 작용을 통해 이런 지형이 빚어졌을 테지만, 자연과학보다 신화가 더 설득력이 있다는 것은 단지 그것이 지닌 스토리텔링의 힘 때문만은 아닌 듯하다. 아무튼 이 두 동강은 서구 사람들에 의해 헤라클레스의 두 기둥으로 불리고 있으며, 이후 강한 국가를 염원하는 주술적 상징물로써 스페인 국기에도 수렴됐다.

세우타는 '모로코 속 스페인'이라는 점에서 '스페인 속 영국령'인 지브롤터와 이래저래 많이 비교될 수 있다. 지브롤터가 영국의 지대한 관심과 보호 속에서 경제적 이득을 얻고 있는 것처럼 세우타도 스페인 정부의 각별한 관심과 지원을 받고 있다. 면세에 가까운 저세율

정책은 그런 지원의 한 형태로, 그 덕분에 세우타 번화가인 '포블라도 마리네로'(Poblado Marinero·뱃사람 마을)는 상당히 부유한 도시처럼 보였다. 실제로 도시 규모에 비해 크다고 생각될 정도의 대형 호텔과 레스토랑, 상점 등이 거리를 가득 메웠다. 그만큼 세우타를 찾는 사람이 많다는 방증이었다. 그중 상당수는 국경을 건너오는 모로코 노동자와 보따리 상인들이라고 세우타에서 만난 택시기사 호세는 전했다.

세우타가 지브롤터와 닮은 점은 이뿐이 아니다. 오랜 침탈의 역사만큼 다양한 민족과 종교가 뒤섞인, 혼종의 도시라는 점도 비슷했다. 인구는 지브롤터(3만여 명)보다 세우타가 2.6배가량 더 많은 8만여 명이다. 그러나 세우타도 지브롤터처럼 자족의 도시로 살아가기에는 한계가 많았다. 민족과 종교도 다양해서 쉽게 동질화되기가 어려웠다. 스페인계 유럽인은 물론이고 베르베르계 무어인, 아프리카인, 유대인 등이 세우타의 인구를 구성했다. 그럼에도 중동에서 빚어지고 있는 종교 전쟁과 같은, 극단적인 갈등은 드러나지 않았다. 갈등은 곧 공멸이라는 생각을 서로 갖고 있기 때문은 아닐까.

거리에서도 십자가를 앞세운 교회나 초승달을 강조한 이슬람사원이 거의 눈에 띄지 않았다. 도착한 날이 크리스마스를 코앞에 둔 12월인데도, 시내 어디에서도 예수나 십자가를 형상화한 조명을 찾을 수 없었다.

다양한 민족과 종교가 함께 살아가는 공존의 지혜는 '63개 구역'이라는 행정 숫자에서도 그대로 드러났다. 도시 규모에 비해 행정 구역이 너무 많다는 생각이 들었지만 서로 부딪히지 않으려는 뜻에서 스스로 구분한 행정 단위가 아닌가 하는 생각이 들었다. 같은 종교, 같은 민족끼리 공동체를 구성하다보니 나타난 결과일 테다.

교회 옆에 이슬람사원을 지어 서로 불필요한 경쟁을 하기보다 차라리 서로 떨어진 구역에서 각각의 종교시설을 이용하는 것이 갈등을 최소화할 수 있다는 사실을 이들은 일찍부터 깨달은 것이다.

하지만 그 공존은 어디까지나 '역내'라는 한계를 분명히 띠고 있었다. 출신이 어디든지 시민의 자격을 얻었다면 공존의 테두리 안에서 자유롭게 경제·종교적 여유를 즐길 수 있겠지만 역외 이주민에게 이 공존은 결코 넘을 수 없는 장벽으로 다가왔다. 나중에 외신을 통해 확인한 결과, 세우타 외곽에는 1990년대 이후 밀입국과 밀수를 방지한다는 명목으로 장벽이 구축됐다. 주로 아프리카 이민자를 막기 위한 조치였는데, 지난 2005년에는 이를 더 보강해 높이 6m, 길이 11km의 길고 거대한 장벽을 세웠다. 심지어 장벽 상단에는 넘어올 수 없도록 가시철사를 얹었고 그 아래에는 밀입국을 자동으로 인

<아프리카 침탈의 교두보, 세우타>

식할 수 있는 전자시스템이 깔렸다고 한다.

세우타 역사는 기원전 5세기까지로 거슬러 올라간다. 당시 지중해 최강자 중 하나였던 카르타고(지금의 튀니지)가 이곳에 항구를 처음 개발했고, 이후 카르타고를 함락시킨 로마제국이 '셉템프라트레스'라는 도시 이름을 붙였다. 우리말로 풀이하면 '7형제'쯤 되는데, 이것이 지금의 세우타 어원이 됐다.

그래서일까. 서구에서 '7'이 행운의 숫자인 것처럼 세우타의 '점령'은 곧 지중해 패권과 직결됐다. 카르타고와 로마가 그랬고, 이후 이곳을 차례대로 점령한 무어인, 반달, 비잔틴, 스페인이 또한 정복자의 길을 걸었다. 15세기 대항해 시대의 포르투갈과 스페인은 아예 세우타를 교두보로 삼아 아프리카 침탈의 선두 주자로 떠올랐다.

그런 점령의 역사는 '무랄라스 레알레스'로 불리는 성곽에 그대로 누적됐다. 마치 거대한 함선이 적을 위압적으로 내려다보는 듯한 V자 형태의 외곽 보루는 지난 17~18세기 스페인 군대에 의해 처음 완공됐지만, 이보다 앞서 포르투갈 점령기 동안 배를 숨길 수 있는 은신처로, 이보다 훨씬 더 앞선 무어인의 지배 하에서는 유럽 침공을 위한 교두보로 활용됐다고 한다.

세우타는 이제 더 이상 세상의 끝이 아니다. 오히려 더 큰 세상을 향해 시나브로 나아가는 공존의 디딤돌이자, 이질적인 민족과 종교가 더불어 살아가는 공생의 코스모폴리탄이다. 만약 헤라클레스 신화에서 우리가 얻은 것이 있다면 그것은 산맥을 뚝 끊어 대서양과 지중해의 두 물길을 텄던 그의 담대한 행동처럼 그동안 세상 끝이라고 여겨 포기했던 수많은 생각의 장벽과 이념의 한계, 절대적인 가치 등을 한꺼번에 전복시키는 패러다임의 변화가 아닐까 생각된다.

5. 아프리카의 관문, 탕헤르와 페스

두 나라의 국경은 해변에 있었다. 스페인과 맞닿은 아프리카의 최북단 반도, 세우타에서 해변을 따라 택시로 15분여 달려가면 작은 검문소 2개가 20여m의 거리를 두고 서로 어긋난 채 똬리를 틀고 앉았다. 해변 쪽이 스페인이고, 언덕에 있는 것이 모로코 검문소다.

오전 9시를 조금 넘었는데, 모로코에서 세우타 방향의 차량과 인파가 10m 이상 길게 줄을 섰다. 이런 풍경이 매일 아침 연출된다고 세우타의 택시기사가 말했다. 대부분은 세우타로 건너오는 모로코 국경 노동자와 상인들, 그리고 그들의 차량들이란다.

검문소 오른쪽의 언덕 위로 12월의 스산한 모래 바람이 불었다. 불길한 사건을 암시하는 영화음악처럼 그 바람은 곧 현실이 됐다. 여권을 제시한 지 30분이 지나도록 모로코 출입국 직원은 국경을 통과시켜 줄 생각을 하지 않았다. 저들끼리 이리저리 사무실을 오가더니 다시 게이트로 돌아와 방문 목적을 또 꼬치꼬치 캐물었다.

수년 전부터 이슬람 국가에서 한국인을 경계하는 정도가 심해졌다. 이슬람권에서 이뤄지는 한국 기독교의 선교 활동 때문이다. 이 날도 남자 둘이서, 항공도 아니고 육로를 통해 국경을 넘는 것을 모로코 출입국 직원들은 의심스러워했다. 입국 목적을 수차례 되물었고, 종교를 물은 뒤 혹시 기독교인이라면 입국에 제한을 받을 수 있다고 엄포도 놓았다. 한국인 여행자 중 세우타에서 육로로 모로코로 들어오는 사람은 거의 없을 테니 그들의 의심은 결코 지나친 것이 아니었다. 아무튼 출입국 절차는 1시간이 조금 더 지나서야 겨우 끝났다. 그럼에도 우리가 시선에서 멀어질 때까지 그들은 의심의 눈초리를 거두지 않았다.

검문소 밖에는 택시가 여러 대 대기 중이었다. 차종은 벤츠이나 20년은 족히 됐을 골동품이었다. 후진국이 대부분 그렇듯 모로코에서도 흥정은 기본이다. 사실 바가지를 좀 썼다는 느낌이 들어도 물가 차이가 커서 가격은 우려할 정도로 높지 않다. 인근의 가장 큰 도시인 테투안까지 1인당 5유로라고 했다. 우리 돈으로 8천 원가량 되니 한국인 여행자 입장에서는 비싼 편이 아니다. 다만, 동승자가 좀 많았다. 우리 둘과 운전사를 빼고 4명이 더 탔다. 아무리 벤츠라고 해도 좀 심했다는 생각이 들었지만 이곳에서 6명은 관행상 '정원'이라는 사실을 나중에 알았다. 운전사는 정원이 다 찬 뒤에야 시동을 걸었다.

모로코의 국경 도로는 생각보다 좋았고 주변 환경도 쾌적했다. 리조트 수준의 휴양지와 호텔이 도로 주변에 늘어섰고 그 주변의 해변도 깔끔하게 정비가 돼 있었다. 해변 반대편 언덕 위로는 수많은 풍력발전기가 쉼 없이 돌았다. 조만간 닥쳐올 세우타와의 경제 전쟁을 겨냥한 동력 비축 같았다. 참고로 모로코 사피(Safi)에는 우리나라의 기술 지원을 받은 석탄화력발전소가 건설되고 있다.

모로코의 첫 목적지인 탕헤르까지는 테투안에서 다시 택시를 갈아타고 40여분을 더 달려야 했다. 유럽을 향한 아프리카의 진출입로답게 여느 아프리카 도시들과 달리 유럽화된 풍경이 곧잘 눈에 띄었다. 잘 정비된 도로, 산뜻한 철도 역사가 그렇고, 지중해가 내려다보이는 언덕에는 고급 주택이 즐비했다. 유럽과 아프리카의 교통로이자 국제적인 자유무역항으로서 영화를 누리고 있는 자유무역 도시다웠다.

한때 아프리카 대륙 침공의 교두보였던 탕헤르는 이제 거꾸로 '유럽 드림'을 꿈꾸는 아프리카인들의 마지막 종착지가 되고 있다. 특히 사하라 사막 이남의 아프리카인들은 힘들게 모로코까지 진입한 뒤 탕헤르에서 잠시 머물며 유럽으로의 '점프'를 꿈꾸고 있다. 물론 그 점프는 밀입국을 뜻한다. 실제로 사하라사막 이남의 모리타니, 말리, 세네갈 난민들이 모로코로 밀입국하다 붙잡혀 추방되거나, 모로코에서 스페인으로 향하던 밀입국 선박이 지브롤터 해협에서 전복되는 바람에 수십, 수백 명이 빠져죽는 사고가 지금도 종종 일어나고 있다.

그래서일까. 탕헤르 구도심의 시장 골목에는 전통적인 모로코인(60%가 아랍계이고 나머지 40%가 베르베르인으로 얼핏 보면 햇볕에 그을린 백인처럼 보인다)과 다른 피부색의 아프리카 흑인들이 많이 보였다.

그런데 시장 입구의 벽면에서 묘한 것을 발견했다. 별 모양의 엠블럼 아래에 '탕헤르 엑스포 2012'(Tanger Expo)라고 쓰인, 낡은 포스터다. 2012년은 여수엑스포가 열린 해가 아니던가. 그렇다면 여수와 마지막까지 경쟁을 벌인 도시가 바로 탕헤르였다는 말인가. 이곳 시장 사람들은 우리가 그 경쟁도시의 국가에서 온 여행자라는 사실을 알고 있을까. 시장 풍경이 한결 더 살갑게 느껴졌다.

<탕헤르에서 함께 열차를 타게 된 소녀들. 전통을 거부한 옷차림이 눈길을 끈다>

탕헤르에서 페스까지는 열차가 가장 일반적인 교통수단이다. 도중에 시디 카셈이라는 도시에서 갈아타야 하지만 5시간이면 그다지 불편하지 않게 페스 시내까지 닿을 수 있다. 객실은 유럽이나 인도처럼 6명 단위의 칸막이로 돼 있어 담소를 나누기에 안성맞춤이다. 취재진도 우연히 만난 3명의 10대 소녀들과 같은 칸에 들었다. 이들은 탕헤르에서 일을 하다 고향인 페스로 돌아가는 중이라고 했는데, 이른바 가출 소녀들로 보였다. 짙은 화장과 화려한 머리 염색으로 치장한 아이들은 열차 내에서 수시로 담배를 피워댔다. 서구 사회도 아니고, 종교적으로 제약이 많은 이슬람 사회에서 청소년이 담배를 피울 수 있다는 것 자체가 흥미로웠다. 이슬람 사회에서는 관습적으로 여자, 특히 10대 소녀의 흡연을 중대한 일탈행위로 간주하고 있다.

그러고 보면 전통 사회의 규칙이 해제되는 것은 우리만의 문제는 아닌 것 같다. 입헌군주제를 채택하고 있는 아프리카의 이슬람 국가, 모로코에서도 청소년 일탈 행위를 어렵지 않게 목격할 수 있으니 말이다. 이들만이 아니다. 거리 곳곳에서 만난 일상의 모로코인은 남성의 전통 복장인 '젤라바'나 여성 머리 가리개인 '히잡'을 더 이상 고수하지 않았다. 청바지나 양복 차림의 모로코인이 의외로 많이 보였다. 상황이 이러니 최근 이슬람권 TV에서는 '히잡을 착용하자'는 공익광고까지 등장했다.

　페스는 모로코에서 가장 인기가 높은 여행지다. 유네스코가 구도심을 일찌감치 세계문화유산으로 지정(1981년)했을 정도로 이슬람 전통과 문화가 살아 숨 쉬고 있기 때문이다. '모로코의 정신적 고향', '천년 빛깔의 도시'라는 수식어가 과장이 아닌 것이다. 페스에서도 최고의 핫플레이스는 메디나다.

　메디나는 원래 이슬람 세계에서 '메카'와 더불어 최고의 성지를 뜻하는 단어였지만 요즘은 사원(마스지드)과 시장(수끄)을 가진 언덕 위의 구도심을 통칭하는 보통명사로 바뀌었다. 여기서 사원과 시장은 '성'과 '속'의 두 세계를 지칭한다. 정복 전쟁을 통해 자신들의 종교적 이념을 끊임없이 전파해 온 이슬람인의 입장에서 성과 속은 양분할 수 없는 것인지도 모른다. 일상 속의 이슬람도 크게 다르지 않다. 일을 하다가도 시간이 되면(하루 5차례) 장소를 불문하고 메카를 향해 기도를 드리는 것이 상례다. 비록 그곳이 지하 주차장이라고 하더라도 말이다. 이슬람 지역을 여행하다 보면 그런 장면을 수시로 목격하게 된다.

　페스의 메디나에서 가장 유명한 것은 세계에서 가장 오래되고 복잡하다는 미로다. 14세기 방어 목적으로 이슬람 특유의 도시 설계 방식으로 조성된 미로는 지금도 옛날 그대로이며, 무려 7,000～9,000개의 골목 시장이 씨줄 날줄의 미로를 만들고 있다. 그런 까닭에 미로를 돌아다니다 길을 잃는 것은 호기심 강한 이방인 여행자의 당연한 오락(?)이 된다.

<페스의 좁은 골목시장. 짐을 옮기는 당나귀.>

미로에서 만나는 풍경은 흥미롭다. 좁은 골목을 비집고 들어오는 당나귀, 그의 등짝 위로 지탱할 수 없을 만큼 올린 짐들, 그 나귀를 이끌며 큰 소리로 "비켜라"고 외치는 늙은 짐꾼의 모습에서 우리는 중세 이슬람 도시로의 긴 시간여행을 시작하게 된다. 참고로 페스에 서는 이런 짐꾼 당나귀를 '택시'로도 부른다고 하니, 택시의 어원을 다시 찾아볼 일이다.

골목만 돌아도 충분히 즐겁지만, 시간을 아껴 일부러 찾아야 할 곳 이 있다. 하늘을 지붕으로 완전히 가린 시장 골목을 따라 점점 깊숙이 들어가면 거의 길을 잃었다고 생각될 지점에서 새파란 하늘이 머리 위 로 뻥 뚫리는, 넓은 작업장을 만난다. 다름 아닌 전 세계 명품 가죽제 품의 원료를 염색하고 생산하는 페스 최대, 최고의 가죽 작업장이다.

<페스의 명물인 가죽 염색공장>

이탈리아나 프랑스의 명품 가죽이 죄다 이곳에서 가져간 것이라고 해도 과언이 아니라고 무두질 장인 무하마드 씨는 자랑했다. 한때 모로코의 수도로서, 북부 아프리카와 중동, 남부 유럽을 연결하는 무역의 중계도시로서 기능한 페스는 오래 전부터 명품 가죽의 생산지로 잘 알려졌다. 지금도 작업은 '말렘'이라고 불리는 장인의 손에 주로 의존한다. 염색이나 무두질, 심지어 가죽의 털을 벗겨내는 일도 마찬가지다. 우리나라에서라면 벌써 무형문화재로 사회적 지위를 얻었을 것이다.

작업장의 악취는 생각보다 심했다. 화학약품과는 다른, 비릿한 냄새가 진동했다. 우물처럼 생긴, 커다란 콘크리트 웅덩이 속의 염료물에 가죽을 담갔다가 빼는 동작을 반복하던 또 다른 장인 압둘라 씨는, 그러나 그런 냄새 따위에 개의치 않는다는 표정을 지으며 말했다. "아마 비둘기 똥 때문일 겁니다. 염색 재료로 비둘기 똥과 밀기울을 사용하거든요." 그는 인체에는 무해하다고 강조했다.

겉으로 더럽고 비환경적으로 보이지만 가장 친자연적인 노동 현장일 수도 있겠다는 생각이 불현 듯 들었다. 이슬람과 아프리카도 어쩌면 그런 왜곡된 시선을 오랫동안 받고 있는 것은 아닐까. 우리 스스로 서구에 경도된 잣대에 길들여진 것은 아닐까.

6. 혼종의 두 도시, 라바트와 카사블랑카

이슬람사원이라고 하면 흔히 돔을 떠올린다. 사우디아라비아, 이
란, 터키, 이집트, 심지어 인도에서도 돔 형태가 일반적인 사원이다.
그런 선입견으로 모로코를 방문하면 일단 놀랄 수밖에 없다. 돔이
아니라 수직으로 치솟은 사각의 탑을 목격하기 때문이다. 그 탑의
희디흰 벽면, 밝은 초록의 기와가 모로코 특유의 색과 무늬로 시선
을 끈다. 그런 사원처럼 모로코 도자기는 유난히 더 새파랗다. 마치
지중해와 대서양이라는, 거대한 두 초록과 푸른빛의 자연을 자신들
의 문화 속으로 온전히 담을 것처럼. 모로코 사람들은 그렇게 이슬
람 문화의 정수를 문양에 옮겼고, 우상 숭배 대신 기하학적인 문양
과 색채로 신을 경배해왔다. 모로코 수도인 라바트와 경제 수도인
카사블랑카는 그런 경건한 마음으로 여행할 필요가 있다.

그런데 흥미로운 것은 사람들이 의외로 모로코를 잘 모른다는 사실
이다. 거리로 봐도 결코 가까운 나라가 아니니 그럴 수밖에 없겠지만,
의외로 많은 사람들이 모로코와 모나코를 구분하지 못하는 것 같다.

모나코와 모로코! 헷갈리는 국가들임에 틀림없다. 국왕이 통치하는 입헌군주국이고, 둘 다 지중해에 접해 있다. 하지만 두 나라는 엄연히 다르다. 종교부터 그렇다. 모나코가 가톨릭을 국교로 삼는 반면에 모로코는 정통 이슬람 국가다. 두 나라가 지중해에 접해 있지만 모나코는 남유럽에 속하고, 모로코는 북아프리카다.

　그럼에도 할리우드 여배우 그레이스 켈리와 결혼해 한때 세계인의 주목을 받은 국왕을 모로코 왕으로 기억하는 사람이 여전히 많은 것을 보면 모로코와 모나코는 확실히 헷갈리는 나라인 모양이다.

　모로코는 미국 영화배우에서 모나코 왕비가 된 그레이스 켈리 대신, 추억의 명화 '카사블랑카'로 주목 받은 바 있다. 그레이스 켈리에 필적한 당대 최고의 여배우인 잉그리드 버그만과 그의 상대역 험프리 보가트가 열정적인 사랑을 나눈 '카사블랑카'는 영화의 첫 장

<카사블랑카의 하산 2세 모스크>

면 지문부터 흥미롭다.

'제2차 세계대전이 한창이던 1940년대 초반, 오랜 전쟁에 지친 유럽인들은 자유와 평화의 땅인 미국으로 이민 가는 꿈을 꾸고 있었다. 하지만 유럽 대부분을 나치 독일군이 점령한 상황에서 그 꿈을 실현시킬 유일한 탈출구는 포르투갈의 수도인 리스본뿐이었다. 그러나 독일과 화친 조약을 맺은 스페인이 통로를 막고 있어 유럽 대륙에서 곧바로 리스본으로 갈 수 있는 길은 없었다. 이때 나온 묘책이 파리와 마르세유를 거쳐 카사블랑카에 당도한 뒤 리스본으로 들어가는 우회로였다. 당시만 해도 카사블랑카는 리스본으로 가는 항공편이 유일하게 남아 있던 중립도시였다.'

영화는 지문이 사라진 뒤 곧바로 사랑과 환락, 스파이가 우글거리는 술과 도박의 도시, 거짓말과 사기, 절도가 판을 치는 도시로 카사블랑카를 묘사한다. 카사블랑카에 도착하기 직전까지 그 영화를 본 사람이라면 누구나 아마 그런 도시 풍경을 떠올릴 것 같다. 카사블랑카는 정말 영화처럼 그렇게 자유분방한 도시일까? 실상은 너무 달랐다. 그것도 아주 크게 달랐다. 모로코의 경제수도로 일컬어지면서도 영화에서처럼 술과 환락 같은 것은 아예 기대할 수 없는 도시였다.

여행자의 지친 여독을 풀어줄 맥주조차 구할 수 없을 정도로 술과 도박에 대한 단속이 엄격한 '금욕의 도시'였다. 호텔이나 음식점은 물론이고 대형마트에서조차 주류 코너는 아예 존재하지 않았다. 술을 찾는 사람은 물론이고, 이를 파는 상점도 찾을 수 없었다. 카페에서도 술 대신 모로코 특유의 박하차나 커피, 간단한 식사만을 팔았다.

나중에 알았지만 영화가 촬영된 곳은 카사블랑카가 아니라 할리우드의 세트장이었다. 영화 속의 카사블랑카는 서구가 그려낸 상상의 도시였던 것이다.

그런 까닭에 여행자의 시선을 끈 것은 영화 속의 자유분방함과 무질서가 아니라 무슬림의 깊은 신앙심과 하늘 높이 치솟은 모로코 특유의 초록빛 모스크였다. 그중에서도 '하산 2세 모스크'는 세계 최고 높이의 첨탑(미너렛·minaret)으로 이슬람 사회의 새로운 성소가 돼 가고 있었다. 높이가 200m로 너무 크고 높아 카사블랑카 시내 어디에서나 볼 수 있다는 여행안내서의 소개가 있었지만 그 정도는 아니었다. 다만, 거의 평지나 다름없는 도시의 지리적 특성상 꽤 먼 거리에서도 초록빛 첨탑은 쉽게 눈에 들어왔다.

하산 2세 모스크는 거대하기도 하지만 그 거대함 못지않게 벽면과 바닥에 새겨진 이슬람 문양이 무척 아름다웠다. 특히 모로코의 이슬람사원은 우리가 흔히 알고 있던 돔형과 달랐다. 희디흰 벽면에 밝은 초록색 기와를 살짝 얹고 굴뚝처럼 사각으로 높게 올린 것이 모로코 특유의 모스크 양식이었다.

벽면과 바닥 곳곳에 새겨지고 그려진 온갖 형태의 기하학 무늬도 그런 양식의 진가를 유감없이 드러냈다. 사실 모스크의 기하학 무늬는 이슬람 문화를 들여다 볼 수 있는 또 다른 창이다. 우상을 일체 인정하지 않는 이슬람 사회는 일찍부터 다양한 문양과 색채를 통해 신을 경배했고, 그런 경배의 깊은 신앙심은 모스크의 벽과 문뿐 아니라 도자기나 옷감 등 실용품에도 깊숙이 배어 있었다.

하산 2세 모스크는 겨울철에 더 아름답다고 했지만 다른 계절에 와 본 적은 없어 비교는 원천적으로 불가능했다. 특히 겨울 해무가 모스크를 감쌀 때 바다에서 모스크를 바라보는 광경이 몹시 신비롭다고 들었으나 바다로 나갈 여유도 없었다. 대신 해가 지면서 어둠

속으로 사라지는 모스크의 암전을 지켜보면서 성스러운 인간의 건축물과 자연이 합일하는 광경은 어렴풋이 확인할 수 있었다. 그것만으로도 충분히 신비로운 경험이었다.

모스크는 높이만큼이나 규모도 웅장했다. 모스크 안에서 만난 한 신도는 "사우디아라비아의 메카에 위치한 하람 모스크와 메디나의 예언자 모스크 다음으로 규모가 크며, 사원 실내에만 2만 명, 바깥 광장까지 합칠 경우 무려 10만 명의 신도들이 한꺼번에 예배를 볼 수 있는 공간"이라고 귀띔했다.

모로코에서 가장 유명한 도시는 카사블랑카다. 비즈니스로 모로코를 찾는 사람도 대부분 카사블랑카를 들른다. 국제선 항공편도 카사블랑카가 많다. 하지만 국왕이 있는 곳이자 행정 수도는 엄연히 라바트다. 카사블랑카에서 대서양과 마주한 해변을 따라 조금 더 북쪽으로 올라가면 카사블랑카만큼 큰 도시를 만나는데 그것이 바로 라바트다. 국왕을 비롯해 국회, 외무부 등 모로코의 주요 행정기관이 모두 이곳에 몰려 있다. 그래서 라바트에서 카사블랑카까지 이어지는 해안지대가 모로코 경제를 움직이는 대동맥으로 불린다.

라바트는 수도이지만, 옛 수도인 페스와 달리 중세 분위기가 거의 나지 않는다. 오히려 넓고 쾌적한 거리와 공원, 현대식 건축물 등에서 유럽을 떠올린다. 특히 국회의사당이 있는 모하메드 5세 거리는 각종 행정기관과 금융기관, 백화점 등이 가득 들어차 있고, 이들 마천루 사이로 굵고 키 큰 종려나무와 분수가 많아 상당히 쾌적한 느낌을 받는다.

그러나 메디나 북쪽 끝의 보우 레그레그(Bou Regreg) 강어귀의 우다이야는 중세 이후의 성채와 곡물창고가 있던 곳으로 꼬불꼬불한 골목과 모로코 특유의 하얗고 파란 옛 주택을 구경할 수 있다. 그 골목을 지나면 갑자기 가슴이 확 트이면서 눈앞으로 푸른 바다가 펼쳐진다. 그 바다가 바로 대서양이다. 대항해가 시작되기 전까지만 해도 유럽인들이 하데스가 지키는 지옥으로 생각했던 바다다.

모로코 관광청의 영문 홈페이지에는 라바트에 '블루 시티'라는 명칭과 함께 특별한 수식어를 붙여 놓았다. '믿을 수 없을 만큼 푸른 하늘과 바다가 있는….' 그 선전 문구는 거짓이 아니다. 물빛이 가장 아름답다는 여름도 아닌, 겨울의 라바트인데도 하늘과 바다는 구름 한 점 없이 맑고 짙푸른 빛깔로 여행자의 시선을 강하게 흡입했다.

그중 라바트 최고의 관광 포인트인 '모하메드 5세 묘 공원'에서 올려다 본 하산 타워 위의 하늘은 대서양의 푸른 물빛을 온전히 투영하고 있었다. 모하메드 5세는 제국주의 프랑스에 대항해 모로코 독립을 이끌고 근대화를 촉진시킨 영웅이자 지금 국왕의 조부다.

<모하메드 5세의 묘지 하산타워>

그의 시신을 모신 곳이 바로 모하메드 5세 묘 공원. 그의 아들이자 계승자인 하산 2세가 무려 400여 명의 장인을 대동해 7년 동안 조성한 모로코 이슬람 예술의 정수이기도

<모하메드 5세의 묘지>　　　　　　<모하메드 5세가 묻혀있는 관>

하다. 내부의 천장과 벽면에서 촘촘하게 새겨진 기하학 문양을 통해 아버지에 대한 그의 지극정성을 엿볼 수 있다.

　모하메드 5세 묘와 함께 자리 잡은 적갈색의 거대한 직육면체 건축물은 묘 완공을 주도한 '하산 2세 탑'이다. 영어로는 '하산 타워'로 더 잘 알려져 있는데, 일설에 따르면 44m까지 쌓아올린 뒤 중단된 미완성 작품이라고 한다. 주변에는 300여 개의 돌기둥이 더 이상의 쓸모를 잊은 채 말없이 서 있어 그런 추정을 사실인 것처럼 받아들이게 한다.

　모로코는 북쪽으로 지중해와, 서쪽으로 대서양과, 남쪽으로는 사하라 사막과 경계를 이루고 있다. 그런 까닭에 얼핏 고립의 공간처럼 보이지만, 의외로 제국주의 국가들로부터 많은 침탈을 받아 일찍부터 '공존'의 가치를 터득했다. 모로코에서 이슬람이 여전히 가장 큰 세력이지만 유대인이 도시 경영의 한 축을 맡고 있고, 예수가 태어나기 훨씬 이전부터 이 땅의 주인이던 베르베르인은 국가라는 울타리도 없이 무려 3천 년 동안이나 자신의 말과 글, 문화를 잃지 않고 살아가는, 그런 공존의 공간인 것이다.

그래서 모로코는 여행의 짧은 경험과 얕고 설익은 지식으로 잣대를 들이댈 수 없는 나라다. '검은 대륙' 아프리카라는 선입견도 그랬다. 모로코는 아프리카에 속했지만 국민의 대다수 피부색에서 검은색을 느낄 수 없다. 검정색이 나쁘거나 싫다는 뜻이 아니라 하나의 잣대로 재단하는 것은 잘못이라는 의미다. 앗살람 알라이쿰! 그대에게 평화가 함께 하기를.

7. 동서남북의 교차로, 포트사이드

사막에도 장미가 있을까? 이런 의문을 갖는다면 상상력이 부족한 자신을 먼저 탓해야 한다. 이집트의 사막에는 장미꽃 두 송이가 늘 피어 있다. 하나는 '나일 장미'이고 다른 하나는 '수에즈 장미'다.

나일 장미는 남부에서 북부로 줄기가 뻗어 수도 카이로에서부터 삼각주로 활짝 피는 강의 장미이고, 수에즈 장미는 홍해와 수에즈만의 정기를 품어 지중해와 접하는 포트사이드에서 인공의 'Y'자형 꽃봉오리를 만드는 운하의 장미다.

규모로만 본다면 나일 장미가 훨씬 더 크지만 전략적 가치는 수에즈 운하가 더 높다. 묘하게도 이들 두 장미의 모양과 줄기, 꽃봉오리는 많이 닮았다. 이를 풍수지리학으로 해석하면 어떤 결과가 나올까? 이집트의 영광, 아니면 이집트의 골칫덩이라고 해야 할까. 산유국 이라크가 천혜의 자원인 석유 때문에 오히려 강대국의 싸움터가 된 국제 현실처럼 수에즈 운하도 이집트에게 마냥 경제적 이익만 가져다 준 것 같지는 않다. 아무리 좋은 유산도 그것을 스스로 지킬 역량을 갖추지 못하면 없는 것보다 오히려 더 못하다는 얘기다.

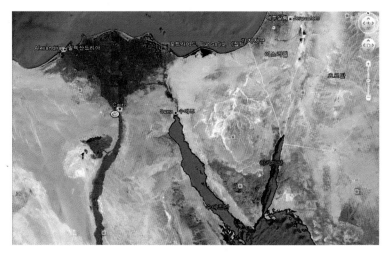

<수에즈 운하>

<포트사이드 항구의 전경>

겨울의 카이로는 숨을 쉬기 힘들 정도로 스모그가 심했다. 나일 강 위에서 내려다 본 시내 풍경은 잿빛 속에 완전히 갇혔다. 카이로의 상징이라는 '카이로 타워'가 그나마 보이는 게 다행이었다. 1년 내내 비가 거의 오지 않는 카이로의 주변 지역에 지난 수십 년 동안 이런저런 공장이 들어서고 자동차도 크게 늘면서 극심해진 대기오염에 따른 도시 참화다. 여기에 폭발적인 인구 증가도 한몫했다. 우리나라의 이농향도 현상처럼 이집트도 산업화와 함께 농촌을 떠나 도시로 몰리는 현상이 두드러졌다. 지금 카이로 인구는 거의 2,000만 명에 이른다. 쾌적함이 무엇보다 중요하지만, 경제적인 불이익을 참으면서까지 고향을 지킬 사람은 없었던 것이다.

잿빛 도시를 빨리 벗어나고 싶다는 생각으로 서둘러 토루고만 터미널을 찾았다. 카이로에서 출발하는 거의 모든 시외버스가 이곳을 기점으로 삼았다. 터미널은 웅장한 현대 건축물이었다. 일본 자본을 유치해 지었다고 들었다. 그러다보니 터미널 위 공간은 쇼핑센터로 채워졌다. 일본 자본이 터미널을 지어준 대가로 쇼핑센터 운영권을 받은 것이다. 세상에 공짜는 없다.

일본은 1990년대 엔화가 강세일 때 해외 투자를 많이 했다. 해외 부동산을 대거 사들이고, 정부 차원에서도 해외 투자를 적극적으로 유도했다. 이를 통해 국가간 교류를 활성화하면서 일본에 대한 지지도를 높였다. 세계 곳곳에 일본 정원을 짓고 사회간접자본을 건설했다. 이집트는 중동의 주요 국가 중 하나로 일본 자본이 특히 더 많이 들어간 곳으로 유명하다. 일본은 그 대가로 곳곳의 크고 작은 관급 공사를 싹쓸이했다. 카이로 근교 헬르완의 하디키트 도쿄(도쿄 정원)와 하디키트 야바니아(일본 정원), 현역 대통령 이름을 따 헌정한 무

바라크 현수교 등은 일본이 이집트에 얼마나 신경을 썼는가를 단적으로 보여주는 사례다.

카이로를 벗어난 시외버스는 사막 속으로 내달렸다. 사막은 광활했지만 해운대해수욕장처럼 은빛 모래로 뒤덮인 곳은 아니었다. 자갈과 흙, 모래가 적당히 뒤섞인 황무지였다. 곳곳에 키 낮은 관목과 덩치 큰 야자나무가 숲을 이룬 초지도 종종 발견됐다. 오아시스가 저런 것일까, 라는 생각이 문득 문득 들었다.

그러다 신기루를 만났다. 잠시 졸았나 생각했는데, 진짜 신기루였다. 낙타를 타고 여러 날 동안 이동하는 장거리 사막 여정도 아니고, 고작 4시간의 시외버스 여행인데 눈앞에서 신기루를 본다는 게 신기했다. 이게 무슨 조화인가 싶어 눈을 비비고 버스 창을 통해 다시 내다보았지만 그 신기루는 금방 사라지지 않았다. 어떻게 된 것일까. 눈앞에는 누런 사막이 펼쳐졌는데, 저 멀리 보이는 것은 분명히 컨테이너선이었다. 그 배가 사막을 횡단하고 있는 게 아닌가. 그뿐 아니다. 컨테이너 선 앞에는 원유를 가득 실은 유조선이 지나가고, 그 앞에는 상아빛 크루즈 선이 여유롭게 나아갔다. 이쯤 되면 신기루가 아니라 실제 상황이다.

눈을 의심하며 잠시 감았다가 떴다. 바로 수에즈 운하였다. 사막 사이로 흐르는 운하가 양편의 높은 둑 때문에 통행 선박의 윗부분만 살짝 드러낸 것이다. 수에즈 운하는 그렇게 사막의 신기루처럼 신비롭게 곁을 내줬다. 신기루는 목적지인 포트사이드에 도착할 때까지 지속됐다.

그러나 포트사이드에서 카이로로 돌아올 때 체험한 '캄신'(Khamsin)에 비하면 신기루의 환영은 약과였다. 차창 밖을 온통 노란 바람으로 물들인 캄신은 봄철 이집트 사막지대에서만 볼 수 있는 돌풍을 뜻하는데, 이례적으로 일찍 찾아온 것이다. 간혹 그런 경우가 있다고 나중에 주 카이로 한국대사관으로부터 설명을 들었다.

포트사이드는 '사이드 항구'로 해석된다. 그러나 지금은 포트사이드 자체가 하나의 도시 이름으로 통용된다. 포트사이드의 컨테이너 항구는 그래서 '포트사이드 포트'(Portsaid Port)로, 항구란 뜻의 포트가 두 차례나 들어간다. 사이드는 1859년 수에즈 운하 건설을 처음 추진할 때의 이집트 군주인 모하메드 사이드 파샤에서 따왔다고 한다.

포트사이드는 카이로와 많이 달랐다. 항구도시라서 카이로처럼 공기가 탁하지 않고 쾌적했다. 사람들의 표정도 밝았다. 도시 여행의 바로미터라는 택시 운전사들부터 그랬다. 카이로 택시와 비교가 되지 않을 정도로 겉과 실내가 깨끗했고 운전기사는 친절했다. 심지어 요금을 미터기에 표시된 금액대로 받았고 잔돈을 일부러 거슬러 주었다. 카이로에서 워낙 당한 터라 포트사이드의 택시기사들의 품행이 되레 이상하게 느껴졌다. 포트사이드의 경기가 그만큼 좋다는 뜻일까.

우리를 태운 택시기사 마무르 벨타키(36) 씨는 "예년에는 정말 좋았다"며 웃었다. 하지만 요즘은 세계 경기만큼이나 포트사이드도 불황을 겪고 있다고 답했다. 그는 "면세구역도 줄었고 쉬어가는 선박도 많지 않기 때문"이라고 그 이유를 설명했다. 그만큼 택시를 타는 외국인도 크게 줄었다며 그는 부연했다.

포트사이드는 한동안 수에즈운하의 덕을 톡톡히 보았다. 4~5년 전만 해도 카이로에서 면세품과 수입품을 사러 오는 상인들이 포트사이드 시내에 북적거렸다. 그러나 인근의 알렉산드리아가 수에즈 통행 선박을 유치하기 위해 항만과 관광시설을 대폭 보강하면서 포트사이드가 상대적으로 직격탄을 맞았다는 것이다.

세상은 늘 변하고 있다. 어제와 오늘, 내일이 같은 것처럼 보이지만 결코 같지 않다는 사실을 포트사이드에서 실감할 수 있었다. 특히 경제 전쟁은 매일 치열하게 일어나고 있다. 부산항이 한때 세계 5위로 주목 받았지만 지금은 중국 항만에 계속해서 밀리고 있는 것도 내일을 준비하지 않은 대가다. 미세한 변화를 포착하지 못한 도시는 금방이라도 이류 도시로 전락할 수 있음을 보여준다.

마무르 벨타키의 말처럼 간선도로 주변에는 짓다만 건물과 텅 빈 상가가 눈에 띄었다. 우리가 묵은 중급 호텔에도 손님이 없기는 마찬가지였다. 겨울이라는 계절적 요인이 있겠지만 호텔의 낡은 시설을 감안할 때 근래 들어 성수기를 맞은 경험이 없는 듯했다.

그럼에도 항구는 잘 조성돼 있었다. 크루즈선들이 주로 이용하는 여객 부두 쪽으로 수변 산책로가 길게 조성됐고 항구 건너의 포트푸아드 지역에는 거대한 첨탑을 지닌 대사원이 눈길을 끌었다. 녹색 돔형의 천장을 가진 항만 통제국도 이색 볼거리였다. 다만, 지중해 방향의 산책로 끝에 위치한 페르디낭 드 레셉스 동상은 윗부분을 잃은 채 받침돌만 휑뎅그렁하게 남겨져 있었다.

레셉스는 수에즈운하 건설을 기획하고 완성시킨 프랑스 외교관이자 사업가다. 그의 동상은 1899년 이곳에 세워졌으나 1956년 나세르 정권의 수에즈 운하 국유화 과정에서 강제로 철거됐다. 지금은 받침돌조차 없이 동상만 포트푸아드의 한 야적장에 옮겨져 있다. 동상과 받침돌이 운하를 사이에 두고 따로 떨어져 있는 셈이다.

1859년 착공된 수에즈운하는 10년만인 1869년 완공됐다. 그 해

10월 프랑스 기선이 운하를 첫 통과함으로써 수에즈는 동·서양 역사의 새로운 교차점이 됐다. 그러나 운하 통제권을 둘러싸고 갈등과 전쟁이 끊이지 않아 운하가 수차례 폐쇄되기도 했다.

홍해와 연결된 수에즈만의 북쪽 끝 타우피크 항에서 시작된 운하는 북쪽으로 올라오면서 3개의 호수를 지나 포트사이드에 이른다. 지중해 쪽 출구가 바로 포트사이드다. 운하는 192km에 이르니, 낙동강(506km)의 절반에도 못 미친다. 생각보다 길지 않다는 얘기다. 그럼에도 그 중요성은 낙동강에 비교할 바가 아니다.

운하에서 모든 선박은 8노트 이하로만 운행해야 한다. 이런 이유로 운하를 완전히 통과하는데 11~16시간이 걸린다. 선박 속도에 따른 파도로 운하 벽이 훼손되지 않도록 하기 위해서라고 한다. 운하를 통행하는 선박은 하루 평균 100여 척, 연간 3만여 척이 이곳을 지난다.

수에즈 운하는 아시아와 아프리카의 경계다. 운하를 기준으로 두 대륙이 나눠진다. 그럼에도 두 대륙의 접경은 이집트라는 하나의 국가 울타리 안에 존재한다. 대륙이 국가 보다 훨씬 더 큰 개념이라고 볼 때 이는 엉뚱한 논리 전복이 된다. 하지만 대륙에 구분이 어디 있겠는가. 아시아니, 아프리카니, 유럽이니 하는 것도 따지고 보면 대항해와 제국주의 시대를 겪으면서 너와 나, 우리와 너희 등으로 구분 지은 산물에 다름이 아닐 테다. 공존은 어쩌면 그런 분리와 분단의 '못된' 정치 개념에서 벗어날 때 시나브로 완성될 수 있을 것 같다.

8. 동서 문화의 가교, 보스포루스 해협

지중해는 서구에서 만든 용어다. 아랍에서는 '백해'로 불린다. 흰 바다를 뜻한다. '붉은 바다'인 홍해와 흰 바다인 백해를 이어준 것이 수에즈운하이고, 그 백해와 '검은 바다'인 흑해를 연결한 것이 보스 포루스 해협이 된다. 삼색의 바다는 그렇게 유유히 역사 속으로 흘러 때때로 접경을, 때때로 통섭의 문화를 만들어냈다.

터키 이스탄불의 보스포루스해협을 가로지른 다리 위에 섰다. 희고 검은 두 바다의 갈림길이자 아시아와 유럽의 두 대륙이 맞닿은 곳이다. 해협 왼쪽으로 유럽 대륙의 신도시가 있고, 오른쪽으로는 아시아 대륙이 펼쳐진다.

부산에서 자동차로 경부고속도로를 달려본 사람이라면 안다. 고속도로 곳곳에 설치된 'AH'(아시안 하이웨이) 교통 표지판이 무엇을 의미하는지를 말이다. 아시안 하이웨이의 마지막 거점 도시가 이스탄불이고 그 도시의 대륙간 가교가 바로 보스포루스 다리다. 이스탄불은 그렇게 접경과 소통의 선율로 낭랑히 흐르고 있다.

이스탄불 정치와 경제의 중추는 신도시로 옮겨졌다. 하지만 여행자의 동선은 여전히 옛 도시를 중심으로 그려진다. 오스만 튀르크의 거점인 토프카프 궁전과 아야 소피아 박물관(성당), 술탄 아흐메트 자미(이슬람사원), 그랜드 바자르(전통시장)가 모두 옛 도시에 있기 때문이다.

금방이라도 눈이 펑펑 내릴 것 같은 잿빛 하늘을 확인하고는 황급히 터키산 실크 스카프를 구입해 목을 감쌌다. 이스탄불은 생각보다 추웠다. 이럴 땐 실내로 들어가는 것이 상책이다 싶어 인근의 '아야 소피아'로 향했다.

아야 소피아는 지금도 '아야 소피아 성당'으로 더 잘 알려졌다. 서구 관광객들이 옛 향수를 잊지 못해 각종 여행서적에 성당이란 이름으로 적어 놓기 때문이다. 그러나 그것은 과거의 역사일 뿐이다. 아야 소피아는 콘스탄티노플 함락과 함께 가톨릭 성당 기능을 상실했다. 지금은 이슬람사원을 겸한 박물관으로 부르는 것이 옳다.

아야 소피아는 웅장했다. 그중에서도 붉은 외벽과 푸르고 둥근 돔형 지붕이 가장 먼저 시선을 끌었다. 하지만 진가는 밖이 아니라 안에 있었다. 실내의 희미한 조명에 익숙해질 무렵 천장과 벽면 장식들이 시야에 들어왔다. 금색과 검정색이 혼합된 이슬람 문양과 캘리그래피[8]는 말로 표현하기 힘들 정도로 화려했다. 푸른 제복의 키 작은 여성 안내인은 이 캘리그래피에 대해 "알라와 모하메드, 4명의 칼리프 이름을 조합한 작품"이라고 설명했다.

---

8) 한자처럼 모양을 낸 그림 문자.

그의 안내로 비밀통로 같은 회랑을 지나 2층으로 올라가니 우연처럼 속절없이 성당의 속살이 드러났다. 말로만 듣던 이슬람 속 가톨릭 유산들이었다. 덧칠이 벗겨지고 이슬람의 모자이크가 떨어져가면서 모습을 드러낸 예수와 요한, 성모 마리아 벽화가 찬란했다. 순간 눈이 감기고 시간은 거꾸로 흘렀다. 오스만 튀르크에 점령되기 직전의 이스탄불, 기독교 세력의 심장부였던 1453년 콘스탄티노플의 한 풍경이 오버랩됐다.

"튀르크의 주력부대가 성벽을 넘었다. 콘스탄티누스11세는 최후의 힘을 짜내어 반격했으나 결국 전사하고 말았다. 콘스탄티노플은 마침내 튀르크의 도시가 되었다. 고대 전쟁의 끝. 콘스탄티노플 함락으로 로마 제국은 확실하게 막을 내렸다. 오스만 제국은 이곳에 수도를 정하고 거기에서 세력을 뻗쳐나가 발칸 반도와 동유럽의 상당 부분을 다스렸다"(윌리엄 위어의 '세상을 바꾼 전쟁' 중에서).

<블루 모스크로 더 잘 알려진 술탄 아흐메트 자미의 전경>

<블루 모스크의 모습>

　오스만 튀르크의 술탄 메메드 2세가 그날 점령군의 권리로 보무당당하게 걸어 들어간 곳이 바로 '아야 소피아 성당'이다. 스페인 그라나다에 남은 이슬람 유산인 알람브라 궁전과 반대로 이슬람 제국에 차압된 가톨릭 성당은 같은 방식으로 파괴 대신 능욕의 덧칠을 당했다. 그리고 숱한 세월이 흐른 1931년, 성당 벽화의 덧칠이 벗겨지면서 이슬람 문양에 가려진 예수와 마리아 상이 그 찬란한 모습을 드러냈고, 이에 세상은 두 문화의 아슬아슬하고 절묘한 동거에 충격을 받았다.

　그러나 스페인이 그랬듯이 오스만 제국도 예수상의 덧칠만으로는 성이 차지 않았다. 성당 코앞에 이슬람 양식의 거대한 이슬람사원을 따로 지었다. 일명 '블루 모스크'로 불리는 '술탄 아흐메트 자미'다. 6개의 거대한 첨탑과 35개의 크고 작은 돔은 각종 여행서의 요란한 설명보다 훨씬 더 위압적이고 아름답다. 특히 파란 색조의 내부 벽면 타일은 정교한 기하학 무늬와 색감, 모자이크 장식 등으로 수려함의 극치를 드러낸다.

<블루 모스크의 내부>

술탄의 보금자리였던 토프카프 궁전은 여느 이슬람 궁성처럼 언덕 위에 자리 잡았다. 그러나 두 대륙이 한꺼번에 조망되는 흥취는 분명히 토프카프 궁전만의 차별화된 볼거리였다. 70만㎡의 광활한 궁전은 하렘(술탄의 여성 주거지)이라는 독특한 금남(禁男) 구역과 함께 한때 1천200명의 요리사를 상주시킨 '마트바흐 아미레'(주방)로 눈길을 끌었다. 그중 압권은 일반 관광객이 즐겨 찾는 하렘이 아니라 주방이었다.

제국이 최고조에 달했던 시절, 그 주방에는 전 세계로부터 조달된 각종 향료와 음식 재료가 넘쳤다. 그중 가장 극진한 대접을 받은 것은 커피였다. '커피대신'이라는 고관직이 존재했을 정도로 술탄의 커피 기호는 각별했다. 터키 커피는 도입된 지 100년이 채 지나지 않아 귀족과 상민들을 통해 대중화됐고, 이후 유럽을 거쳐 전 세계로 확산됐다.

커피나무가 아프리카의 에티오피아에서 처음 발견됐지만 이를 음료로 만들고 그 식문화를 세계에 전파한 주역은 터키의 옛 제국, 오스만 튀르크였던 것이다. "1517년 이스탄불에 처음 들어온 커피는 40년이 되지 않아 대중화됐고 그로부터 한 세기가 막 지나갈 무렵 유럽은 카페라는 문화를 싹틔우기 시작했다(스튜어트 리 앨런의 '커피 견문록' 중에서)."

세계적으로 유명한 비엔나커피도 사실은 그 단초를 오스만 튀르크가 제공했다. 1683년 오스만 제국이 기독교 세력의 맹주인 합스부르크 왕조의 오스트리아 빈을 침공하는 데 실패했을 때 함께 가져간 커피를 자루 째로 남겨 놓았고, 그것이 나중에 잘 숙성된 꿀과 우유로 섞인 비엔나커피가 됐다.

그러나 개똥도 약에 쓰려면 없다고 했던가. 막상 터키 커피를 찾으려니 쉽지 않았다. 이스탄불 어디에서나 쉽게 마실 수 있을 줄 알았던 것도 착각이었다. 카페에서는 인스턴트커피를 종류별로 메뉴판에 열거했고 레스토랑은 아예 커피 대신 차를 내놓았다.

이리저리 얻은 최소한의 정보를 밑천 삼아 이집션 바자르(시장)를 뒤졌다. 그리고 여러 갈래의 골목길 중 하나의 모퉁이에서 그윽한 커피 향을 운 좋게 맡을 수 있었다. 그 향의 주인은 '쿠르카흐베시 메흐메트 에펜디 마흐둠라리'(Kurukahveci Mehmet Efendi Mahdumlari). 꽤 긴 상호를 우리말로 대충 번역하면 '갈고 볶은 메흐메트 에펜디의 커피 도매상점'이 된다. 여기서 '갈고 볶은'은 일반적인 수식어이자 메흐메트 에펜디 가문의 애칭이다. 뒤늦게 알았지만 메흐메트 에펜디는 이스탄불뿐 아니라 세계적으로도 유명한 터키 커피의 대명사였다(비록 각종 여행서에는 거의 소개되어 있지 않거나 약간의 언급만 있을 뿐이지만). 전통을 자랑하듯 고유의 누런 커피 봉투에 인쇄된 '1871'은 메흐메트 에펜디의 '갈고 볶은' 가루 커피가 처음 시중에 판매된 해를 뜻했다. "선친으로부터 커피 가게를 물려받은 메흐메트 에펜디는 이스탄불에서 최초로 원두를 갈고 볶아 팔았다. 그때만 해도 커피는 주로 원두 상태로 팔려 이 같은 시도는 대단히 혁신적인 비즈니스로 받아들여졌다"(메흐메트 에펜디 닷컴-www.mehmetefendi.com 참조).

도매상은 활기가 넘쳤다. 구매자들은 향긋한 커피 향에 중독된 듯 줄을 서 차례를 기다렸고 종업원들은 주문받은 무게 단위의 누런 종이 봉투에 커피를 부지런히 담았다. 볶은 가루 커피 값은 50g당 1TL(터키 리라). 우리 돈으로 780원가량이니 비싼 편은 아니다. 그러나 시음은 도매상이 있는 골목 한쪽에 위치한 터키 커피 전용카페에서만 가능했고, 가격도 결코 싸지 않았다. 에스프레소 커피 잔 크기에 3.5TL이었다. 그럼에도 맛과 향은 국내에서 살 수 있는 원두커피나 인스턴트커피를 확연히 능가했다. 문득 터키 속담 하나가 떠올랐다. "커피는 지옥처럼 검고, 죽음처럼 진하며, 사랑처럼 달콤해야 한다." 질 좋은 담뱃진처럼 터키 커피는 색이 진하고 걸쭉한 찌꺼기가 많이 남았다. 옛날에는 그 찌꺼기를 바닥에 부어 흩어진 모양을 보면서 점을 쳤다고 한다.

메흐메트 에펜디의 한 점원은 "이스탄불에서 터키 커피를 구할 수 있는 곳은 이제 우리 도매상뿐"이라고 말했다. 그러나 그것은 사실이 아니다. 이스탄불 최대 번화가인 탁심 거리의 스타벅스에서도 터키 커피는 메뉴에 올라 있었다. 물론 서구화된 터키 청년들에게 전통적인 터키 커피가 큰 인기를 얻지는 못했다. 그럼에도 스타벅스의 이스탄불 입성은 세계 커피 역사에서 볼 때 중대한 변화였다. 16세기 이후 400년 이상 커피 종주국과 카페 문화의 발상지라는 명예를 굳건히 지켜온 터키 입장에서, 그것은 이미 다 무너진 오스만 튀르크 제국만큼이나 치명적인 굴욕처럼 느껴졌기 때문이다.

하인리히 E. 야콥의 저서 '커피의 역사'에 이런 대목이 나온다. "커피와 와인은 각성과 수면의 관계다. 커피의 궁극적인 효능이 잠에서 깨어 있게 하는 것이라면 와인은 그와 반대로 쉽게 잠들게 하는 효능을 가졌다. 이처럼 커피콩에서 '각성'을 추출해내고, 이를 달여 마력을 지닌 음료로 만들어 전 세계에 퍼뜨린 것은 이슬람 교도였다. 유럽이 술에 깊이 취해 있을 때 이들은 무의식과 어둠에 대항해 싸웠고 결국 중세를 장악했다."

이슬람은 그렇게 한 시절을 풍미했다. 그리고 그들의 영광스러운 역사는 또 다시 반복될 것이다. 지중해는 그런 반복의 역사를 묵묵히 지켜볼 테다.

<터키 커피>

CHAPTER

03

올리브 로드를 걷다

_김상훈

1. 올리브의 도시, 아테네

<그리스 아테네 지도>

올리브 나무는 평화와 행복, 생명을 상징한다. 고대 그리스에서 올리브는 여신 아테나의 나무였고, 고대 로마에서는 미네르바의 나무였다. 구약성서에서도 비둘기가 평화의 상징인 올리브 가지를 물고 오는 모습이 나온다. 이처럼 석기시대부터 재배된 올리브는 문명을 읽어내는 코드다. 올리브 신화가 살아 숨 쉬는 그리스 아테네를 비롯해 지중해 섬들인 키프로스, 시칠리아, 몰타에 이르는 '올리브 로드'를 다녀왔다. '올리브 로드'에서 맞닥뜨린 지중해의 다양한 문화가 융합하고 공존하는 현장을 소개한다.

■ 올리브 신화가 서린 아테네

아테나 여신이 심술을 부린 탓이었을까. 그리스 아테네 하늘에는 시커먼 먹구름이 잔뜩 끼어 있었다. 파르테논 신전이 있는 아크로폴리스로 올라갔을 땐 강풍이 불고 비까지 추적추적 내렸다.

아크로폴리스로 올라가는 길에 올리브 나무들이 많이 보였다. 올리브 나무는 아테네의 상징이다. 올리브 나무에서 아테나 여신의 자취가 느껴진다. 그리스 신화에서 아테네는 제우스의 딸이자 전쟁과 지혜의 여신 아테나에게 바쳐진 도시로 나온다. 아테나 여신과 그의 삼촌인 바다의 신 포세이돈이 도시 아테네를 차지하기 위해 경합을 벌였다. 다른 신들은 두 신 중 인간에게 더 도움이 될 것을 제시하는 이에게 도시를 주기로 했다. 포세이돈은 삼지창으로 땅을 갈라 바닷물을 솟아나게 했다. 반면 아테나는 올리브를 심어 사람들에게 먹을 것을 제공했다. 열매는 기름으로 짜 먹고, 잎은 약으로 쓰는 올리브는 버릴 게 하나도 없었다. 그리스같이 척박한 땅에서도 잘 자랐다.

신들은 아테나 여신의 손을 들어주었다.

■ 아테나 여신을 위한 파르테논

아크로폴리스의 파르테논을 방문했을 때 허탈감에 휩싸여야 했다. 임금 인상을 요구하는 직원들의 파업으로 파르테논의 문이 닫혀 있었다. 경제난으로 어려움을 겪고 있는 그리스의 현재 풍경이 겹쳐질 수밖에 없었다. 할 수 없이 아크로폴리스 주변의 길을 걸으며 파르테논을 보는 데 만족해야 했다.

<그리스 아테네 파르테논 신전>

파르테논 신전은 아테네 전성기인 기원전 5세기 페리클레스 시대에 아테나 여신을 위해 지어졌다. 지중해의 패권을 노리며 서진해 온 페르시아 제국과 그리스의 폴리스들은 피할 수 없는 전쟁을 치러야 했다. 기원전 490년 마라톤 전쟁과 기원전 480년 살라미스 해전을 승리로 장식하면서 아테네는 폴리스 세계의 중심으로 떠올랐다. 아테네는 기원전 478년 델로스 동맹을 결성해 지중해의 패자로 등장했다.

'높은 도시'란 의미의 아크로폴리스에 신전들이 지어진 것도 이 무렵이다. 파르테논 신전은 기원전 447년에 기공돼 기원전 438년에 완성됐다. 기원전 420년에는 페르시아와의 전쟁에서 그리스가 승리한 것을 기념하기 위해 니케 신전과 아테나 여신이 올리브 나무를 심었던 곳에 아테나와 포세이돈을 봉헌한 에렉테이온 신전을 세웠다. 그렇게 아크로폴리스가 만들어졌다.

파르테논 신전은 그리스에서 유일하게 바닥과 기둥, 지붕에 이르기까지 오로지 대리석만으로 돼 있다. 간소하면서 장중미를 보여주는 도리아식 건축의 전형을 보여준다. 높이 10m, 지름 2m의 46개 기둥으로 이뤄진 신전은 거대한 아우라를 뿜어냈다.

■ 파르테논에 새겨진 아픔의 역사

멀리서 보더라도 파르테논 신전은 온통 철제물로 둘러싸여 있었다. 계속 보수 공사를 하는 중이었다. 파르테논 신전에 아로새겨진 아픔의 역사가 마음을 애잔하게 했다. 파르테논 신전은 그리스의 자부심이지만 그 역사는 처참했다. 파르테논은 로마와 동로마의 지배를 받았던 1~13세기 비잔틴 시대에 기독교 교회로 사용됐다. 터키 지배를 받았던 15~19세기에는 이슬람 사원으로 역할을 바꾸었다. 당시 신전은 터키군의 탄약을 보관하는 탄약 저장소로 사용되기도 했다. 1687년에는 베네치아 함대의 폭격을 받아 상당 부분 파손됐다. 그래서일까. 초기의 당당한 위용은 사라지고 기둥도 온전한 것이 없다고 한다. 정교한 부조와 신상 등 파르테논 신전 유물의 상당수도 영국의 대영박물관에 있는 상태다.

수난의 역사가 할퀴고 간 파르테논엔 상처만 남아 있었다. 역사에 유린당한 아테나 여신이 내는 절규였을까. 파르테논이 있는 아크로폴리스에는 강풍이 휘몰아쳤다. 아테나 여신의 한 맺힌 눈물은 비가되어 아크로폴리스를 흥건히 적셨다.

■ 유적이 깔린 아크로폴리스 박물관

아크로폴리스 입구에 있는 아크로폴리스 박물관은 다행히 문을 열었다. 많은 관광객이 파르테논에 들어가 보지 못한 아쉬움을 이곳에서 달랬다. 박물관 입구의 풍경부터 놀라움을 자아냈다. 박물관 밑에 발굴된 유적을 그대로 볼 수 있기 때문이다. 고대 그리스인의 주택, 길, 목욕탕 등 생활상이 생생하게 펼쳐졌다. 아크로폴리스 박물관은 아크로폴리스 언덕과 그 주위에서 발견된 유물들이 많다. 신석기 시대부터 12세기 비잔틴 초기까지 다양했다. 각 신전을 장식하고 있던 부조와 조각들, 다양한 신화와 사람들의 생활을 테마로 한 예술 작품들이 많았다. 목이 잘린 대리석 조각도 자주 보였다. 페르시아 전쟁, 오스만 터키 지배 등 그리스 아테네의 역사적 상흔은 아크로폴리스 박물관에서도 발견할 수 있었다.

■ 파르테논보다 낮은 곳에 있는 제우스 신전

높이 156m의 아크로폴리스 파르테논에서 직선으로 내려오면 올림피아 제우스 신전이 평지에 자리 잡고 있다. 제우스 신전의 기둥은 예전에 104개나 됐다. 하지만 지금은 15개만 남아 있다. 104개가 다 있었더라면 장관이었을 텐데, 하는 아쉬움이 밀려왔다.

기원전 170년께 지어진 이 신전은 고대 오리엔트의 거석 구조로부터 영향을 받아 지어졌다. 훗날 로마 건축의 모태가 됐다. 그리스 신화에서 제우스는 아테나의 아버지이다. 그런데 제우스를 모신 신전이 딸을 모신 파르테논 신전보다 낮은 위치에 있다. 서열이 뒤바뀐 것이다. 아테네가 오로지 아테나 여신을 위한 곳이란 것을 증명한다.

<그리스 아테네 제우스 신전>

<그리스 아테네 파나티나이코 스타디움>

동행한 부산외국어대학교 지중해지역원 임병필 HK연구교수는 "아테네 어디에서 보더라도 파르테논이 보인다"며 "아테네의 정신적 구심점은 아크로폴리스와 파르테논임을 보여준다"고 말했다.

■ 승리와 영광의 상징 올리브를 보다

제우스 신전에서 멀리 떨어져 있지 않은 곳에 파나티나이코 스타디움이 있다. 1896년 이 경기장에서 제1회 근대 올림픽이 열렸다. 스타디움 입구에 선 비석들이 눈길을 끈다.

역대 올림픽 개최지와 역대 위원장 이름을 새긴 비석과 1896년이란 숫자 주위에 올리브 잎을 새긴 비석들이다. 고대 올림피아 제전에 출전하는 선수들은 올리브기름을 바르고 출전했다. 호메로스가 액체 황금이라고 불렀듯이 올리브기름은 선수의 전신에 발라줄 정도로 중요한 의약품이자 화장품이었다. 강렬한 지중해 태양 아래 매끈하게 빛나는 몸은 아름다웠을 터이다.

올림픽 우승자에게는 올리브 나무로 만든 월계관이 씌워졌다. 우승관은 그리스의 신목으로 만들었기 때문에 신성한 것이 되었다. 비석에 새겨진 올리브 월계관은 올리브의 역사에 빠져들게 했다. 이처럼 올리브는 그리스인들에게 대표적인 생필품 그 이상의 것이었다. 아테나 여신이 그리스인들에게 선물했던 풍요와 영광, 평화와 안정의 상징이었다. 아테네의 곳곳에서 마주친 올리브 나무는 저마다 아테네 여신의 사랑을 뿜어냈다.

오늘날 경제 위기로 다소 주춤한 그리스인들. 하지만 이들은 좌절하지 않고 다시 일어서리라. 숱한 전쟁의 역사에서 굳건히 자신들의 전통과 문화를 지켜온 이들이 아니던가. 아테나 여신의 찬란한 미소가 언젠가 다시 빛을 발하는 날, 그들은 지중해의 지배자이자 서양문명의 개척자였던 과거의 빛나는 영광을 되찾으리라.

2. 올리브의 역설, 키프로스

'올리브 로드'의 두 번째 행선지는 키프로스. 제주도 9배 크기로 지중해 동쪽 끝에 외로이 떠 있는 섬이다. 그리스 신화에 등장하는 미의 여신 아프로디테가 태어난 곳으로 유명하다. 키프로스는 고대 문명국인 그리스, 터키, 이집트에 둘러싸여 예로부터 중동, 아프리카, 유럽의 교통 요충지였다.

9000년의 역사를 지닌 이곳은 태초부터 파란만장한 역사를 잉태하고 있었다. 지리적 중요성 때문에 역사적으로 지배자가 수없이 바뀌었다. 미케네, 페니키아, 로마제국, 프랑크 왕국, 베네치아, 터키, 영국의 지배를 받았다. 지금은 그리스계의 남키프로스와 터키계의 북키프로스로 분단돼 있다. 수도 니코시아는 지구 유일의 분단 도시다.

<키프로스 지도>

■ 지구촌 유일 분단 도시를 가다

터키 이스탄불에서 탄 비행기가 북키프로스 니코시아 인근의 에르칸 공항에 착륙했다. 숙소가 남키프로스에 있어서 '그린 라인'이라는 경계선을 넘어가야 했다. 버스와 택시를 갈아타고 그린 라인에 도착했다.

순간 묘한 긴장감이 엄습했다. 분단의 경계선을 보았던 게 20여 년 전. 고등학교 수학여행에서 동해안 군사분계선을 보았을 때 느꼈던 심란함이 밀려왔다. '한국인이면 보내줄지 모르겠다'던 공항 관광안내소 직원의 말이 확성기처럼 울려 퍼졌다.

<그린라인의 체크포인트와 주변 사진>

　기우였다. 그린 라인을 넘어서자 남키프로스 출입국 관리 직원이
간단한 가방 검사를 한 뒤 손으로 쓴 비자를 내줬다. 외국인은 24시
간 안에 남키프로스에서 북키프로스를 갔다 올 수 있다고 알려준다.
남키프로스인과 북키프로스인은 90일 동안 서로 왕래할 수 있다. 그
린 라인을 별문제 없이 넘었지만, 분단 현장의 느낌은 분단국가의
국민에게 특별했다.

■ 빛바랜 평화의 올리브 국기

　키프로스 국기를 보면 이 나라의 지도와 올리브나뭇잎이 함께 나
온다. 금색 지도는 국가명에서 유래한 구리의 풍부한 생산을 상징한
다. 올리브나뭇잎은 분쟁이 끊이지 않는 그리스, 터키 간의 평화와
화해에 대한 희망을 나타낸다. 하지만 평화를 상징하는 키프로스 국
기는 빛이 바랜 상태다. 다양한 나라의 지배를 받은 역사 때문에 이
섬에는 기독교인이 많은 그리스계 주민과 이슬람교도인이 많은 터
키계 주민이 함께 살게 됐다. 이들의 공존 뒤에는 갈등과 대립의 그
림자가 짙게 드리웠다.

키프로스는 1963년부터 1974년까지 내전을 겪었다. 1963년 헌법이 수정돼 터키계 주민의 권리가 제한되자 터키와 그리스계 주민은 서로 대립하게 됐다. 1974년 그리스 군사 정권의 지원을 받은 그리스계 키프로스 민족주의자들이 쿠데타를 시도했다. 터키는 터키계 주민을 보호한다는 이유로 키프로스를 침공해 섬의 37%를 차지했다. 1983년 터키계 키프로스인들은 독립을 선언했지만, 터키 외에는 국제사회의 승인을 얻지 못했다. 국제적으로 인정받고 있는 남키프로스는 2004년 유럽연합의 회원국이 됐고, 2008년 1월 유로존에 가입했다.

남북 간에 통행이 비교적 자유롭지만, 역사적·종교적 갈등은 여전하다. 남키프로스 니코시아에서 호텔 직원으로 근무하는 지르카(27)씨는 "역사적 갈등으로 부모님 세대는 여전히 터키계 주민에 대해 증오심을 갖고 있고, 북키프로스와 통일을 원하지 않는다"고 말했다.

■ 갈등과 충돌의 역사 깃든 베네치아 성벽

니코시아는 베네치아 시대 성벽으로 둘러싸인 구시가지와 그 바깥쪽에 펼쳐져 있는 신시가지로 나뉜다. 성벽은 낡고 형태가 거의 남아 있지 않다. 성벽의 출입구였던 파마구스타 문이 역사의 증언자로 우뚝 서 있다. 베네치아 성벽엔 기독교 세계와 이슬람 세계의 충돌 역사가 아로새겨져 있다.

베네치아 공화국은 1489년 키프로스를 장악했다. 베네치아는 키프로스를 상업 중개지로 이용했으며 니코시아를 베네치아 성벽으로 요새화했다. 오스만 제국의 침략을 막기 위해서였다. 오스만 제국은 1570년 6만 명의 군대를 동원해 키프로스를 정복했다.

갈등과 충돌의 역사는 성벽 안 구시가지에서도 여전히 진행 중이다. 구시가지 가운데 그린 라인에 인접한 곳은 폐허로 변해 음산한 풍경을 자아냈다. 빈집이 많았고, 인적도 드물었다. 마치 전장에 나와 있는 느낌이었다.

그린 라인에서 멀어질수록 도심은 활기를 되찾았다. 구시가지 최고 번화가인 라드라스 거리는 사람들로 넘쳐 났다. 그린 라인에서 불과 100~200m 떨어져 있을 뿐인데…. 상반된 풍경에 어리둥절해 졌다. 구시가지 안에는 성 요한 교회, 비잔틴 미술관, 이슬람 사원인 모스크가 함께 존재한다. "그리스계 지역이다 보니 모스크 분위기는 썰렁해 보인다"고 동행한 임병필 부산외대 지중해지역원 HK연구교수가 말했다.

■ 유구한 역사 담긴 키티온

니코시아에서 버스를 타고 2시간 남짓 달려 라르나카에 도착했다. 라르나카는 키프로스에서 가장 큰 공항이 있는 도시로 아름다운 휴양지다. 그리스 미케네 시대의 유적과 9세기에 세워진 교회 등 문화유산도 많다. 내륙도시였던 니코시아에서 볼 수 없었던 지중해가 끝없이 펼쳐졌다. 파스텔톤 하늘과 유난히 파란 빛깔의 바다가 어우러진 풍경. 눈이 시릴 정도로 아름답다. 한국의 초가을 날씨처럼 선선해 다니기 편했다.

주택가 중심부에 자리 잡은 고대 유적 '키티온'으로 향했다. 이곳엔 키프로스의 장대한 역사가 깃들어 있다. 기원전 13세기 초 그리스 펠로폰네소스 반도에서 온 미케네인들이 이곳에 도시를 세웠다. 기원전 9세기에는 페니키아인들이 들어와 신전을 세우며 더욱 번창해졌다.

기원전 312년 이집트 프톨레마이오스 왕조의 시조였던 프톨레마이오스 1세가 키티온을 침략해 페니키아왕을 죽임으로써 도시는 쇠락해졌다. 지금은 큰 돌을 쌓아올려 만든 도시의 외벽 흔적만 남아 있다.

■ 기독교와 이슬람 문화의 공존 라르나카 성

라르나카의 문화 유적지는 지중해와 맞닿은 아티논 거리 주변에 밀집해 있다. 단연 눈길을 끄는 것은 라르나카 성이다. 중세박물관으로 사용되고 있는 성은 베니치아 공화국(1489~1570) 시대에 세워졌다. 섬이란 지정학적 특성으로 잦은 외세 침략에 시달렸기 때문에 이를 방어하기 위한 것이었다.

<라르나카 성>

아직도 성 위에 남아 있는 대포들의 모습이 이러한 역사를 보여준다. 1570년 오스만 터키는 키프로스를 정복했다. 오스만 터키는 1625년 라르나카 성을 재건했다. 성의 특징은 기독교와 이슬람 문화가 혼재돼 있다는 점이다.

박물관에는 10세기 비잔틴 시대부터 16세기 베네치아 시대까지 유물과 도자기가 전시돼 있다. 전시실을 지나면 이슬람 세계의 남자들이 모여 회의를 하는 방이 나온다. 한 건물 안에 서로 다른 문화가 공존하는 독특한 구조였다.

■ 성 라자로 교회와 할라 술탄 사원

<성 라자로 교회>

성 라자로 교회와 할라 술탄 사원에서도 평화의 씨앗을 볼 수 있었다. 870년 건립된 성 라자로 교회는 키프로스에서 가장 아름답고 오래된 교회다. 전설에 따르면 그리스도에 의해 죽음에서 소생한 라자로는 키프로스로 왔다. 최초의 주교로 30년을 보낸 뒤 죽음을 맞았다. 라자로가 매장된 곳이 바로 이 교회다. 사람들이 라자로의 성화 앞에서 성호를 그으며 예배한다.

성 라자로 교회에서 택시를 타고 라르나카 공항 쪽으로 가면 할라 술탄 사원이 나온다. 솔트 호수와 파란 하늘을 배경으로 한 사원의 모습이 아름답다. 이 사원은 1816년 세워졌다.

<할라 술탄 사원>

택시 기사 바르 나바스(53) 씨는 "이슬람에서 매우 중요한 위치를 차지하기 때문에 많은 이슬람교도들이 이곳을 방문한다"고 설명했다. 라르나카의 명물 성 라자로 교회와 할라 술탄 사원의 모습을 보니 조금 마음이 놓였다. 키프로스에서 평화와 공존의 현장을 보았기 때문이다.

■ 올리브 나무의 꿈을 보다

니코시아에서 라르나카로 이어진 고속도로에서 올리브 나무를 보았다. 키프로스에서 수천 년을 살아온 올리브는 숱한 침략과 전쟁으로 말미암은 갈등과 충돌의 역사를 묵묵히 지켜보았을 것이다. 올리브는 평화를 간절히 바라고 있을지도 모른다. 키프로스 국기에 새겨진 평화의 염원이 역설이 아닌 현실이 되기를 바랄 것이다. 올리브 나무의 미세한 떨림은 그런 꿈과 열망의 표출이었을까.

3. 열정의 올리브, 시칠리아

<시칠리아 시도>

지중해 가장 큰 섬인 시칠리아는 유럽 역사가 뒤범벅된 곳이다.
지중해 요충지여서 여러 민족의 지배를 받았다. 그리스, 로마, 비잔
틴, 아랍, 노르만, 독일, 프랑스, 스페인의 문화 흔적들이 아직도 살
아 숨 쉰다. 스페인 통치 아래 있다가 1860년 이탈리아 일부가 됐다.
이러한 역사 때문일까. 섬 주민들은 스스로 이탈리아인이기 이전에
시칠리아인으로 여긴다.

■ 마피아의 피가 흐르는 곳!

시칠리아 수도 팔레르모의 주세페 베르디광장. 마시모 극장이 우
아한 모습을 드러냈다. 고대 그리스와 로마 양식의 복귀를 주장한
신고전주의 양식의 건물이다. 이탈리아 최대 극장인 마시모 극장은

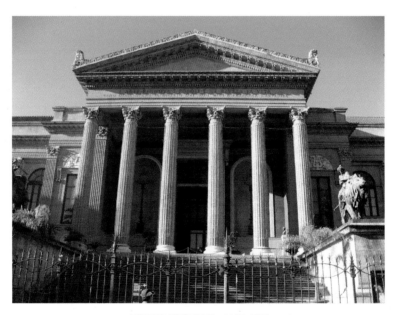

<시칠리아 팔레르모의 마시모 극장>

시칠리아 마피아 가족사를 그려낸 영화 '대부' 3편의 클로징 장면이 촬영됐던 곳. 딸을 잃고 계단에서 처절하게 절규하던 대부의 슬픔이 마시모 극장에 서려 있다.

초기 마피아는 시칠리아를 침공했던 많은 외세를 막아내기 위한 방어망이었다. 외세로부터 가족을 지키기 위한 집단적 유대감이 마피아의 본성이었다. '마피아'는 9세기 섬을 점령한 아랍 세력에 저항하면서 도망 다니던 섬주민의 피난처를 뜻하는 아랍어에서 유래했는데, 19세기 들어 범죄를 일삼기 시작했다고 한다. 마피아에는 침략과 약탈로 점철된 시칠리아의 불운했던 역사가 똬리를 틀고 있다.

요즘은 어떨까. 현지 경찰은 "1986년 두 판사가 마피아에 의해 살해된 이후 정부에서 대대적인 마피아 소탕에 나섰다"며 "지금은 흔적을 거의 찾기 어렵다"고 했다.

■ 괴테가 칭송했던 도시 팔레르모

마퀴에다 거리와 엠마누엘레 거리가 교차하는 콰트로 칸티. '네거리'란 뜻이다. 네 모퉁이에는 스페인 바로크 양식의 건물들이 자리 잡고 있다. 스페인 왕을 나타낸 건물 조각이 인상적이다. 또각또각 소리를 내며 마차가 지나갔다. 수백 년 전으로 시간여행을 온 것 같다.

팔레르모 구도심은 다채로운 건축물들의 전시장이었다. 그리스, 로마, 비잔틴, 아랍, 스페인풍 등 특색 있는 건축물들이 즐비했다. 아랍, 노르만왕조 시절인 12세기 유럽에서 가장 화려했던 도시의 아우라는 여전했다. 오죽했으면 괴테가 팔레르모를 '세계에서 가장 아름다운 도시'라고 했을까.

■ 유럽에 흐르는 아랍의 샘

팔레르모의 동서를 가로지르는 엠마누엘레 대로를 걷다가 대성당 (카테드랄레)에 발걸음을 멈췄다. 한 건축물 속에 다양한 시대의 건축 양식이 녹아 있다. 동서에 고딕첨탑이 서 있고, 중앙에는 바로크 양식의 옅은 청색 돔이 성당의 위엄과 우아함을 뿜어냈다. 유려한 아라베스크 문양의 코란 장식과 아랍어 비문이 새겨진 벽면은 아랍의 흔적이다. 1184년 성당으로 완공됐지만, 아랍 지배를 받을 때는 모스크로 사용됐기 때문이다.

베네데티니 거리로 접어들자 아랍의 모스크 같은 붉은 건물이 나타났다. 산 조반니 델레 에레미티 교회다. 1132년 노르만왕조 로제르 2세에 의해 수도원으로 개축됐다. 네 개의 붉은 황토색 돔이 유난히 아름다웠다. 석류, 장미, 재스민이 가득한 정원은 전형적인 아랍 건축 양식을 보여줬다.

산 카탈도 교회도 12세기 아랍-노르만 시대의 건축. 아치를 가진 직사각형 건물 위에 세 개의 붉은 돔을 나란히 얹었다. 하나의 큰 창 대신 작은 창을 수없이 냈다. 이슬람 종교 건축의 단면이다. 동행한 임병필 부산외대 지중해지역원 HK연구교수(아랍문학 전공)는 "예수 상이 걸려 있는 아치형 홈은 마치 이슬람의 예배 방향인 메카를 가리키는 '미흐랍'과 같다"며 "열주와 돔, 외벽의 아치 또한 아랍 건축 양식의 특징을 잘 보여주고 있다"고 말했다.

교회 안내원인 바르바라 리초(30) 씨는 "우리는 이탈리아인 이전에 시칠리아인이기 때문에 모든 종교와 문화를 열린 마음으로 포용한다"고 자랑했다.

팔레르모에서 오늘날 유럽을 떠받치고 있는 르네상스 문화의 바탕에 아랍 문화의 뿌리 깊은 샘이 흐르고 있음을 볼 수 있었다.

■ 찬란한 열정의 올리브 나무

팔레르모 도심에서 서쪽으로 한 시간 남짓 버스로 가면 언덕 위에 자리 잡은 몬레알레 마을이 나온다.

아랍, 노르만, 비잔틴 건축 예술의 최고봉으로 일컬어지는 몬레알레 대성당은 1166년 노르만 왕 윌리엄 2세가 지었다. 성당 내부는 온통 모자이크로 뒤덮여 있다. 성경의 주요 사건들이 모자이크 성화로 피어올랐다. 유독 눈에 들어오는 성화가 있었다. 노아의 방주 장면이었다. 40일간 대홍수가 지나가기를 기다린 뒤 날려 보낸 비둘기가 새로운 세상의 징표로 올리브 잎을 물고 오는 모습이 그려져 있다. 동행한 김희정 부산외대 지중해지역원 HK연구교수(이탈리아 문학 전공)는 "기독교에서 올리브 나무는 중요한 상징"이라며 "묵은 나무에서 새잎을 내는 올리브나무는 새로운 세상을 여는 노아의 방주 이야기와 겹쳐진다"고 말했다.

대성당 오른쪽에는 베네딕투스 수도원이 인접해 있다. 12세기 대표적인 로마네스크 건축이다. 47m 길이의 정사각형 둘레를 따라 한 쌍으로 이뤄진 228개의 기둥이 아랍풍의 아치를 받치며 사방에 둘러쳐져 있다. 무늬는 모자이크형, 나선형, V자형 등 하나도 같은 모양이 없다.

수도원 정원 중앙에 올리브 한 그루가 떡 하니 버티고 있었다. 수도원에 심어졌기 때문일까. 올리브는 기독교의 열정을 상징한다고 한다. 올리브 나무는 지중해의 찬란한 햇빛을 받아 푸른 열정을 뿜어냈다.

<시칠리아 팔레르모의 베네딕투스 수도원>

■ 고대와 현대의 공존 아그리젠토

신기한 풍경이었다. 아그리젠토 '신전들의 계곡' 앞에서 왼쪽으로
고개를 돌리면 현대 도시 아그리젠토가 펼쳐졌다. 오른쪽에는 2천
500년 간 유구한 세월의 풍상을 묵묵히 견뎌낸 고대 신전들이 천공
에 솟아 있었다. 고대 문명과 현대 도시가 계곡을 사이에 두고 팽팽
한 긴장감을 조성했다. 이 놀라운 시간의 간극과 문명의 대조! 할 말
을 잃어버렸다.

팔레르모에서 남쪽으로 100여km 떨어진 아그리젠토는 '신전들의
계곡'으로 유명하다. 기원전 8세기 그리스인들이 식민도시를 이곳에
세웠다. 덕분에 2천500년 역사를 지닌 그리스 신전들은 고고학적 명

성을 바탕으로 많은 관광객을 끌어들이고 있다.

2500년이란 시간을 버티고 선 도리아식 기둥, 터만 남은 신전들, 무너져 내린 돌들이 돌무덤처럼 쌓여 있다. 모든 신전의 입구는 일렬로 동쪽을 향해 바라보고 있다. 햇살에 비친 신전들은 황금색을 뽐내며 유혹한다.

오르막으로 경사진 입구를 걸어 올라가면 오른쪽에 '헤라클레스 신전'이 나온다. 기원전 520년에 세워진 아그리젠토 최고(最古)의 초기 도리아식 신전이다. 이 신전은 원래 38개의 돌기둥을 가지고 있었다. 지금은 8개만 남아 있다.

헤라클레스 신전을 지나 언덕으로 올라가면 아그리젠토의 상징 '콘코르디아 신전'이 나온다. 기원전 450~440년에 세워진 것으로

<시칠리아 아그리젠토의 콘코르디아 신전>

시칠리아 최대 신전이다. 가로 16.9m, 세로 39.4m로 기둥은 6개씩 13줄로 이뤄져 있다. 아테네 파르테논 다음으로 원형에 가까운 모습을 유지하고 있는 신전이다.

콘코르디아를 지나 언덕의 가장 높은 곳에 '헤라 신전'이 있다. 기원전 470~450년에 세워졌으며 기둥 34개 중 25개가 완전한 형태로 남아 있다. 도리아식 건축의 가장 세련된 스타일을 보여준다. 신전 크기는 가로 16.9m, 세로 38.15m로 콘코르디아 신전과 비슷하다. 기둥 높이는 6m를 훌쩍 넘는다. 헤라 신전에 올라섰더니 초록의 올리브 나무와 햇살에 반짝이는 지중해가 아름다운 풍경을 자아냈다.

<시칠리아 아그리젠토의 헤라신전>

■ 은빛 머리칼을 지닌 현자의 모습

'신전들의 계곡'을 따라가면 올리브 나무들이 고대 신전의 그림자처럼 펼쳐졌다. 특히 헤라 신전 앞에는 영겁의 흔적을 품은 늙은 올리브 나무 한 그루가 서 있다. 나무 기둥은 지나온 시간의 궤적을 보여주듯 뒤틀려 있다. 모진 자연에 맞서 기억조차 희미해진 아득한 세월을 버텨왔기 때문일까. 올리브 나뭇잎은 마치 은빛 머리칼을 휘날리는 현자의 모습이다.

2천 년 전 그리스인들이 이곳에 정착하면서 전해졌던 올리브 나무. 어느 한순간 새싹을 틔운 올리브 나무는 아직도 그 뿌리를 땅속에 박고서 역사의 굽이를 지켜보고 있었다. 묵은 나무둥치에서 새롭게 초록 잎을 내는 까닭에 올리브는 살아 있는 전설 같은 존재다. 이들은 지중해 햇살과 소금기로 여물며 오랜 시간의 자국을 제 몸에 꾹꾹 새겨왔을 터. 나지막하게 시칠리아의 긴 역사를 들려주는 현자의 모습에 숙연해질 수밖에 없었다.

4. 공존의 올리브, 몰타

고조섬

○ 빅토리아

몰 타

코미노섬

몰타섬

○ 발레타

음디나 ○

부산일보

이탈리아

시칠리아

그리스

터키

몰타

지 중 해

키프로스

리비아

이집트

<몰타 지도>

아름다운 풍경을 지닌 몰타는 '지중해의 숨은 진주'라 불린다. 이 탈리아 시칠리아 섬 남쪽으로 93㎞ 떨어진 섬나라다. 몰타는 고조, 코미노, 몰타 등 세 개의 섬으로 이뤄져 있다. 40만 명이 거주하고 있으며 면적은 제주도의 6분의 1이다.

남유럽과 북아프리카를 잇는 지정학적 위치 때문에 주변 열강들의 침략을 자주 받았다. 기원전 8세기 페니키아인들이 살았고, 이후 로마, 비잔티움, 아랍, 노르만, 프랑스, 영국의 지배를 차례로 받았다. 침략의 역사 속에 잉태된 다양한 문명과 언어는 몰타에서 문화적 다양성이란 새로운 에너지로 탈바꿈했다.

■ '요새의 섬' 몰타

시칠리아 포찰로 항에서 출발한 페리가 지중해 물살을 가르며 남쪽으로 향했다. 2시간쯤 지났을까. 망망대해에서 몰타가 모습을 드러냈다. 견고한 요새와 같았다. 아이보리색 석회암으로 쌓아 만든 성곽은 고색창연했다. 중세로 시간을 거슬러온 느낌이랄까. 성곽 위로 도드라져 보이는 성당을 비롯한 옛 건축물은 파스텔 색조의 하늘, 코발트 빛 바다와 어우러져 한 폭의 그림이 됐다.

몰타에는 선사시대, 중세, 현대가 공존한다. 이곳이 '타임캡슐'로 불리는 이유다. 영화 '트로이', '글래디에이터', '다빈치 코드' 등이 모두 이곳을 무대로 촬영됐다. 섬 자체가 거대한 영화 세트장이나 다름없다. '요새의 섬' 몰타에는 기원전 3600년 만들어진 신전을 비롯해 300개가 넘는 가톨릭교회, 성 요한 기사단이 세웠던 성벽이 존재한다.

■ 십자군 역사 깃든 발레타

<몰타 발레타의 전경>

발레타는 몰타 섬 동쪽에 있다. 도시 전체가 유네스코 세계문화유산으로 지정됐을 정도로 건물 하나하나가 역사 그 자체다.

발레타는 십자군 역사가 숨 쉬는 도시다. 해안선을 따라 도시를 둘러싼 견고한 성이 인상적이다. 이 성은 16세기 초 성 요한 기사단이 오스만 터키의 침입에 대비해 만들었다. 발레타라는 지명은 1565년 오스만 터키에 대항해 몰타를 지킨 성 요한 기사단장이었던 장파리소 드 라 발레타의 이름에서 유래했다. 성 요한 기사단은 이슬람 원정에 나섰던 3개 기사단 가운데 하나로 예루살렘에서 병든 순례자와 부상을 입은 병사들을 치료하는 것이 주 임무였다.

이들은 팔레스타인에서 기독교 세력이 축출된 이후 로도스 섬으로 근거지를 옮겼다. 1522년에는 오스만 터키에 의해 로도스 섬에서 쫓겨나서 떠돌다가 스페인 관할의 몰타로 근거지를 옮겼다. 이후 1789년 나폴레옹이 이끈 프랑스군에 정복당했다.

발레타 구시가지 중심가에 있는 기사단장 궁전은 성 요한 기사단의 역사를 보여줬다. 15~18세기 기사들이 사용했던 갑옷, 투구, 총검, 대포들이 전시돼 있다.

■ 성 요한 성당에서 카라바조를 만나다

<몰타 발레타의 성 요한 성당>

기사단장 궁전 인근에 있는 성 요한 성당은 발레타에서 가장 유명한 건축물이다. 16세기 세워진 이 성당은 십자군 기사들이 다 함께 기도드리기 위해 모이던 장소였다. 겉모습은 단순해 보이지만 내부로 들어가는 순간 입이 쩍 벌어졌다. 화려한 조각과 문양으로 수놓은 기둥과 내벽 장식이 뿜어내는 현란함에 눈이 어질어질해졌다. 아치형 천장은 성 요한의 일생을 그린 성화로 뒤덮여 있다. 바닥에는 옛 기사들의 대리석 묘비가 깔렸다.

성당 기도실에는 이탈리아 화가 카라바조의 그림이 걸려 있다. '세례자 요한의 참수'란 작품이다. 그림 속 요한의 목에서 흘러내린 선혈이 섬뜩하고 강렬했다. 살인 미학이 넘쳤던 카라바조의 작품 세계를 일별할 수 있었다.

■ 언어, 문화의 용광로

발레타 구시가지 중심가인 리퍼블릭 거리는 많은 사람으로 북적거렸다. 사람들의 모습을 보면 어느 나라 사람인지 구별하기 어려웠다. 이탈리아 남부 사람들 같기도 하고, 아랍계 사람들 같기도 했다. 구분은 중요하지 않았다. 숱한 침략과 지배의 역사는 오히려 몰타를 다양한 언어와 문화가 조화롭게 공존하는 용광로로 만들어냈다.

폴 쌍 카시아 몰타대 인류학과 교수는 "다양한 인종이 뒤섞여 새로운 혼종을 만들어낸 몰타에서 인종의 구분은 무의미하며 몰타어를 쓰면 누구나 몰타인이다"라고 말했다. 카시아 교수의 말처럼 몰타 국민은 유럽 연합에서 여러 가지 언어를 가장 능숙하게 말한다. 시칠리아 방언과 아랍어가 합쳐진 몰타어와 영어를 기본적으로 구사한다. 인구 67%가 이탈리아어, 17%는 프랑스어를 구사한다.

<몰타 발레타의 리퍼블릭 거리>

부산외국어대 지중해지역원과 MOU를 체결한 몰타대 지중해연
구소 교수 대부분은 몰타어, 영어, 그리스어, 프랑스어, 아랍어 등 대
여섯 개 언어를 구사했다. 이들의 조상이었던 16세기 성 요한 기사
단장 발레타도 이탈리아어, 스페인어, 그리스어, 터키어, 아랍어에
능통했다고 한다. 다언어는 몰타인들이 지닌 장점이다.

■ 중세 흔적 간직한 음디나

발레타 서쪽에는 중세 모습을 간직한 음디나가 있다. 이곳은 16세
기 성 요한 기사단이 오기 전까지 몰타의 수도였다. 길은 꼬불꼬불
했다. 전쟁 때 총탄을 피하기 위해서였다. 서구 도시처럼 구획 정리

가 잘 된 발레타와는 달랐다.

전형적 중세도시의 원형을 간직한 음디나는 적의 침입이 힘든 높은 곳에 위치해 옛날엔 귀족들만 살았다고 한다. 이곳엔 청동기 시대부터 사람이 살았다. 초기 토착민이었던 페니키아인들은 이곳을 말레트라 불렀고 로마 제국이 지배할 때 도시 외부에 성곽을 쌓았다.

음디나란 도시 이름엔 아랍의 흔적이 남아 있다. 동행한 임병필 부산외대 지중해지역원 HK연구교수(아랍문학 전공)는 "음디나라는 명칭은 아랍어의 도시를 뜻하는 마디나에서 유래한 말로 아랍의 색채를 볼 수 있다"고 말했다.

■ 공존의 올리브를 보다

발레타에서 가장 전망이 좋은 '분수 정원'에서 올리브 나무를 볼 수 있었다. 올리브 나무는 지중해의 찬란한 햇살과 시원한 바람을 받아들였다. 기원전 8세기 페니키아인들은 몰타에서 올리브 나무를 재배하기 시작했다. 한때 올리브는 몰타를 뒤덮을 정도로 많았다. 몰타에서 많은 도시와 마을 이름이 '올리브의 샘' '올리브의 언덕'으로 불리는 까닭이다.

올리브는 몰타에서 어떤 의미가 있을까. 몰타대 직원인 스테파니아 파브리 씨는 "몰타인은 서로 다른 인종과 문화에 대해 편견이 없다"며 "몰타에서 올리브는 공존과 조화를 상징한다"고 했다.

<발레타 해변의 올리브 나무>

■ 올리브, 타자를 열린 마음으로 품다

국내 유일 지중해 전문연구소인 부산외대 지중해지역원과 함께 나선 올리브 로드의 여정은 흥미로웠다. 이번 올리브 로드의 중심지는 키프로스, 시칠리아, 몰타 등 지중해 섬들이었다.

섬들은 지중해 문명의 특성인 충돌과 공존의 모습을 가장 잘 간직하고 있었다. 유럽의 지중해와 아랍의 지중해 사이에 있는 섬들은 지정학적 이유로 늘 갈등의 중심에 놓여야만 했다. 하지만 이들은 섬이란 특유의 개방성을 무기로 타문화를 유연하게 받아들였고, 자신들만의 새로운 정체성으로 승화시켰다.

이 섬들의 속살에서 지중해 문명의 단면을 정확히 들여다볼 수 있었다. 지중해 문명은 하나의 단일한 문명이 아니었다. 고대 오리엔트 문명과 그 영향을 많이 받은 그리스 문명, 로마 문명, 기독교 문명, 이슬람 문명이 이곳에서 서로 충돌하고 교류하고 융합하고 공존했다.

몰타대 지중해연구소와 MOU 체결을 위해 몰타를 방문한 최춘식 부산외대 지중해지역원 원장은 "신기하게도 올리브의 분포 지역과 지중해 문명권이 동일하다"며 "지중해 문명에서 보이는 공존과 조화의 속성은 어떤 음식에도 조화를 잘 이루는 올리브의 특성과 닮았다"고 말했다.

몰타를 이륙한 비행기에서 지중해의 출렁이는 푸른 물결을 보았다. 지금까지 나타나고 사라져 간 찬란한 문명의 흔적들이 무수한 비늘처럼 겹쳐 보였다. 이번 여정에서 만났던 올리브와 지중해는 언제나 타자에 대해 자신을 여는 푸른 영혼과 같았다. 지중해의 푸른 물결과 올리브 나무는 이렇게 속삭이는듯했다. '문명은 충돌을 넘어 언제나 교류하고 상생한다'고.

윤용수

부산외국어대학교 지중해지역원 원장
한국이슬람학회 부회장

백현충

현(現) 부산일보 편집3팀장
한국기자협회, 이달의 기자상 수상(2008. 01)
저서로는『신문화지리서』,『폐교, 문화로 열리다』,『축제가 된 마술』등이 있다.

김상훈

현(現) 부산일보 독자여론부 차장
미국 매사추세츠 주립대학교(University of Massachusetts) 방문연구원(2012.08~
2013.08)

김수정

부산외국어대학교 대학원 글로벌지역학과 박사과정 수료
부산외국어대학교 중동-지중해지역학부 강사

지중해의 여정

초판인쇄   2017년 8월 4일
초판발행   2017년 8월 4일

지은이   지중해지역원
펴낸이   채종준
펴낸곳   한국학술정보㈜
주소   경기도 파주시 회동길 230(문발동)
전화   031) 908-3181(대표)
팩스   031) 908-3189
홈페이지   http://ebook.kstudy.com
전자우편   출판사업부   publish@kstudy.com
등록   제일산-115호(2000. 6. 19)

ISBN   978-89-268-8126-2 93920